湖南省社科基金项目高校思想政治教育研究项目"清廉学校建设背景下高职生廉洁教育研究"(项目编号:22B26),受湖南省高校思想政治工作质量提升工程资助。

大学生廉洁教育与素质教育实践研究

胡湘梅　著

九 州 出 版 社
JIUZHOUPRESS

图书在版编目(CIP)数据

大学生廉洁教育与素质教育实践研究 / 胡湘梅著
. -- 北京 : 九州出版社，2024.5
ISBN 978-7-5225-2939-4

Ⅰ. ①大... Ⅱ. ①胡... Ⅲ. ①大学生 - 品德教育 - 研究②大学生 - 素质教育 - 研究 Ⅳ. ①G641.6②G640

中国国家版本馆 CIP 数据核字(2024)第 101973 号

大学生廉洁教育与素质教育实践研究

作　　者　胡湘梅　著
责任编辑　杨鑫垚
出版发行　九州出版社
地　　址　北京市西城区阜外大街甲 35 号(100037)
发行电话　(010)68992190/3/5/6
网　　址　www.jiuzhoupress.com
电子信箱　jiuzhou@jiuzhoupress.com
印　　厂　永清县晔盛亚胶印有限公司
开　　本　787 毫米×1092 毫米　16 开
印　　张　10
字　　数　134 千字
版　　次　2024 年 5 月第 1 版
印　　次　2024 年 5 月第 1 次印刷
书　　号　ISBN 978-7-5225-2939-4
定　　价　58.00 元

前　言

　　大学生廉洁教育与素质教育是我国高校思想政治教育中的一项重要内容。大学生廉洁教育与素质教育无论是对大学生个人,还是对国家和社会都有重要的意义。对大学生个人来说,廉洁教育与素质教育有利于培养大学生的廉洁意识、品格与行为,使大学生真正成长成才;对社会和国家来说,廉洁教育与素质教育能够为社会和国家的发展建设培养大批的廉洁人才,从而实现中华民族的伟大复兴。

　　在新的时代背景之下,社会、教育等方面新的发展,为大学生廉洁教育与素质教育的新发展提供了新的机遇,也对大学生廉洁教育与素质教育提出了新的要求。因此,新时期大学生廉洁教育与素质教育更应充分利用我国各类优秀文化资源,构建起更新的、更完善的大学生廉洁教育与素质教育体系,创新大学生廉洁教育与素质教育的实践形式。

　　当前,国际、国内形势的深刻变化,使大学生素质教育既面临有利条件,也面临严峻挑战。思想政治工作从根本上说是做人的工作,必须围绕学生、关照学生、服务学生,不断提高学生的思想水平、政治觉悟、道德品质、文化素养,让学生成为德才兼备、全面发展的人才。高校要深入贯彻落实习近平新时代中国特色社会主义思想,尊重学生身心发展特点和教育规律,把德育、智育、体育、美育、劳育等有机地统一在教育活动的各个环节中,加强包括职业素质、法治素质、人文素质、音乐素质等在内的综合素质教育,促使大学生坚持学习科学文化与加强思想修养的统一,坚持学习书本知识与投身社会实践的统一,坚持实现自身价值与服务祖国人民的统一,坚持树立远大理想与进行艰苦奋斗的统一,促进学生全面发展和健康成长,将社会主义核心价值观作为人生的价值准则,勤学以增智、修德以立身、明辨以静心、笃实以为功,铸就人生发展的新航标,为把我国建设成为社会主义现代化强国、实现中华民族伟大复兴的中国梦而努力奋斗。

为了保证内容的丰富性与研究的多样性,在撰写本书的过程中,笔者参阅了很多学者关于大学生廉洁教育与素质教育研究等方面的相关资料,在此表示衷心的感谢。书中难免有疏漏和不妥之处,恳请同行专家和读者批评指正。

目　录

第一章　大学生廉洁教育概述 ………………………………… 1

　　第一节　大学生廉洁教育的目标 ……………………………… 1

　　第二节　大学生廉洁教育的原则 ……………………………… 5

第二章　大学生廉洁教育的体系建设 ……………………… 14

　　第一节　大学生廉洁教育体系构成 ………………………… 14

　　第二节　大学生廉洁教育体系基本特征 …………………… 35

　　第三节　大学生廉洁教育体系实施运行 …………………… 37

第三章　大学生廉洁教育的发展及实践创新 …………… 45

　　第一节　大学生廉洁教育的创新发展 ……………………… 45

　　第二节　大学生廉洁教育的实践创新 ……………………… 59

　　第三节　信息化时代大学生廉洁教育路径创新 ………… 79

第四章　廉洁教育对大学生素质提升的基础作用 …… 88

　　第一节　大学生素质教育概述 ……………………………… 88

　　第二节　廉洁教育与素质教育的内在同一性 …………… 99

　　第三节　廉洁教育为大学生素质提升固本培元 ………… 107

　　第四节　廉洁教育为大学生成才提供精神力量 ………… 116

第五章　廉洁教育与大学生素质培养研究 ……………… 122

　　第一节　廉洁教育与大学生廉洁素质培养 ……………… 122

第二节　廉洁教育与大学生人文素质培养……………………128

第三节　廉洁教育与大学生心理素质培养……………………138

第四节　廉洁教育与大学生道德素质培养……………………141

参考文献………………………………………………………149

第一章

大学生廉洁教育概述

第一节 大学生廉洁教育的目标

廉洁教育的目标决定着廉洁教育的发展方向,在大学生廉洁教育过程中,廉洁教育目标具有导向、凝聚、纠偏和激励等作用。新时代大学生廉洁教育目标,必须坚持以习近平新时代中国特色社会主义思想为指导,坚持立德树人、铸魂育人,努力引导大学生不断增强廉洁意识、树立正确的廉洁价值观,不断提高拒腐防变能力,成为有理想、有本领、有担当、肯吃苦的社会主义合格建设者和可靠接班人。

一、大学生廉洁教育目标的内涵

马克思、恩格斯曾经说过:"在社会历史领域内进行活动的是具有意识的、经过思虑或者凭借激情行动的、追求某种目的的人;任何事情的发生都不是没有自觉的意图,没有预期的目的的。"[①]大学生廉洁教育是培养大学生廉洁意识、廉洁价值观和拒腐防变能力的精神实践活动,必须确定活动的目标,并在目标指引下,制订实施廉洁教育的方案计划,调控大学生廉洁教育的进程,确保廉洁教育的有效实施和目标达成。大学生廉洁教育目标是实施廉洁教育所要达到的预期效果,大学生廉洁教育目标的确定,决定了高校廉洁教育的发展方向。2007 年教育部出台的《关于

---

① 中共中央马克思恩格斯列宁斯大林著作编译局.马克思恩格斯选集 4[M].北京:人民出版社,2012:253.

在大中小学全面开展廉洁教育的意见》明确了大学生廉洁教育的目标："引导大学生树立报效祖国、服务人民的信念,不断增强大学生的道德自律意识,增强拒腐防变的良好心理品质,逐步形成廉洁自律、爱岗敬业的职业观念。"由此我们发现,大学生廉洁教育目标是一个多维的目标体系,具有其内在的结构性特征,对高校开展廉洁教育可以起到引领、制约和指导的作用。大学生廉洁教育目标是廉洁教育目的具体化、精准化,是促进大学生廉洁素养形成和发展所要达到的规格或质量标准。随着时代的发展,大学生廉洁教育的目标也要不断地丰富和拓展。

二、大学生廉洁教育目标的特点

(一)大学生廉洁教育目标方向具有规定性

大学生廉洁教育目标是根据廉洁教育目的要求和大学生的道德发展实际来确定的,具有鲜明的方向规定性,主要表现在:一是政治方向性。大学生廉洁教育目标的确定和执行,总是要体现国家对人才培养的思想政治要求,反映着国家意志的权威性,体现了"为谁培养人"的政治原则。二是社会倾向性。大学生廉洁教育目标规定了为什么样的社会培养人,指明了大学生廉洁教育的社会方向,即为构建公平正义、风清气正的社会主义社会培养人才,体现了"培养什么样的人"的社会倾向性。三是素质规定性。大学生廉洁教育目标规定了廉洁教育的素质要求,对大学生要培养什么样的心理品质做了明确规定,即具备洁身自好、廉洁奉公的心理品质。可见,大学生廉洁教育目标对廉洁教育活动的政治方向、社会属性和品德素质等各方面都做了明确的规定和要求。

(二)大学生廉洁教育目标结构具有层次性

大学生廉洁教育目标是一个多维的目标体系,具有结构层次性。可以根据大学生的不同层次结构对廉洁教育目标进行分解。比如,从大学生的学历层次来划分,可以分为专科生目标、本科生目标、研究生目标;从大学生的不同专业来划分,其廉洁教育目标要结合专业特性来确定,这样才能取得真正的教育实效;从大学的不同年级来划分,可以分为不同的年级目标,也可以分为入学初的教育目标、学习中期的教育目标和毕业季的教育目标等,这样更体现教育的针对性;按照目标层次来划分,则可以分为高级、中级和初级的廉洁教育目标;按照教育的时间来划分,又可以分为近期、中期和远期教育目标;按照学生的群体来划分,可以分为党员学生、学生干部、普通学生的教育目标等。不同层次的廉洁教育目标,既相互区别,又相互联系,共同组成具有层次性、动态性和系列化的目标体系,只要做好不同层次的衔接教育,就能不断提高教育实效,实现教育目标。

(三)大学生廉洁教育目标内容具有多维性

大学生廉洁教育目标的内容包含着多个维度,根据不同标准,可以分为不同的维度。根据大学生廉洁品质的形成和发展过程,可以分为廉洁教育的认知目标、情感目标、意志目标和行为目标四个维度;根据大学生廉洁教育目标的内容划分,可以分为廉洁思想教育目标、政治素质教育目标、道德素质教育目标、党纪法规教育目标、心理品质教育目标等维度。其中,各分支目标维度又可以分出更多的具体目标维度,如党纪法规教育目标可以分为党规党纪教育目标、法律法规教育目标等。可以说,正是大学生的思想品德形成发展特点和个体身心发展规律的差异性,使得廉洁教育目标在内容上呈现出多维性和动态性的特点。

(四)大学生廉洁教育目标效果具有可测性

大学生廉洁教育目标是教育者根据廉洁教育目的要求和大学生道德发展实际,通过开展廉洁教育活动,促进大学生廉洁素养形成和发展,使得大学生廉洁教育的目标效果具有可测性,如大学生对廉洁理论的掌握、对廉政建设的态度、对腐败行为的看法等,均可以通过科学设计的量表加以测试。在实施廉洁教育活动过程中,包括内容的设定、方法的选择、环境的优化等都要围绕实现廉洁教育目标来进行。在廉洁教育活动实施前,教育者总会或多或少地预测活动所要达到的效果,而大学生也在教育者的引导下,朝着预定的廉洁教育目标发展,这使得廉洁教育目标效果的实现带有可测性。正是由于廉洁教育目标效果的可测性,使廉洁教育的活动变得有章可循,避免了廉洁教育的随意性和盲目性。当然,我们不能否认,在开展大学生廉洁教育活动过程中,总会受到来自教育环境、教育对象、教育手段等各种因素的影响和制约,使廉洁教育的目标效果与期望值之间存在偏差,影响其可测性的准确度。

三、大学生廉洁教育目标确立的依据

大学生廉洁教育目标虽然由教育主体制定,直接反映教育主体的主观愿望和要求,但实质上反映的是社会发展要求与大学生成长成才需要。可见,适应社会发展要求和满足大学生成长成才需要,才是确立大学生廉洁教育目标的依据。

(一)适应社会发展要求是目标确立的客观依据

党的十八大以来,以习近平同志为核心的党中央深刻洞悉时代发展要求,把全面从严治党纳入"四个全面"战略布局,强调要"坚持真管真严、敢管敢严、长管长严,坚持思想从严、执纪从严、治吏从严、作风从严、反腐从严,保持战略定力,拿出恒心韧劲,落实管党治党责任,不断推动全面从严治党向纵深发展"。党风政风明显好转,党群干群关系明显改善,社会风气向上向善。虽然我们的党风廉政建设和反腐败斗争已经取得了决定性胜利,但全面从严治党永远在路上,要实现中华民族伟大复兴的中国梦,必须坚定不移地推进全面从严治党。

2021年12月24日中共中央印发《中国共产党纪律检查委员会工作条例》,强调要"涵养廉洁文化""推进廉洁文化建设,营造崇廉拒腐氛围"。廉洁文化作为先进文化,是实现中华民族伟大复兴的催化剂,是把我国建设成为社会主义现代化强国的助燃剂。高校作为输出文化与人才的思想高地,能够对社会产生深远影响。高校培养的大批高素质人才进入社会后,将逐渐成为社会的主体,他们的思想观念、价值取向会逐渐成为社会的主流意识形态,从而对社会的发展产生巨大影响。加强新时代高校廉洁文化建设,可以在提升校内廉洁氛围的同时做到间接净化社会风气。这种高校所独有的作用属性,在推进全社会廉洁文化建设的过程中具备得天独厚的优势。因此,加强新时代高校廉洁文化建设,充分发挥高校育人优势,有助于为未来社会文化环境奠定良好基础,涵养崇廉倡廉社会风气。我们在制定廉洁教育目标时,既要立足现实,又要展望未来,才能适应新时代社会发展的要求。作为党和国家奋斗目标的重要组成部分,大学生廉洁教育目标只有服从和服务于党和国家的奋斗目标与中心任务,才具有科学性、可行性和有效性。

(二)满足大学生成长成才需要是目标确立的内在依据

廉洁教育不仅要促进社会发展,而且还要促进人的发展。因此,大学生廉洁教育目标的确立不仅要适应社会发展要求,而且还要满足大学生的成长成才需要。廉洁素养是思想道德素养的重要组成部分,廉洁素养的发展对大学生的智力、体力、心理健康等各方面的发展具有重要的促进作用。因此,满足大学生成长成才需要是制定廉洁教育目标的内在依据。

在大学生的成长成才过程中,廉洁素养的发展呈现出规律性。大学生廉洁素养的发展与大学生的认知能力具有相关性,是内化和外化相统一的过程。高校在确立大学生廉洁教育目标时,既要考虑大学生的思想道德品质发展现状和身心发展规律,又要考虑大学生廉洁素养发展的未来需要。大学生廉洁素养发展的未来需要,就是形成与社会发展相适应的廉洁素养。新时代对大学生廉洁素养有着新的要求,这种要求主要体现在对大学生的培养目标上。新时代要求大学生有理想、有本领、有担当,理想信念坚定、志存高远、脚踏实地。对大学生进行思想政治教育的实质就是把一定社会的思想政治准则和法纪道德规范转化为受教育者个体的品德。受教育者的品德既要反映社会发展的要求,同时又必须考虑到他们的身心发展规律。基于此,廉洁教育要遵循大学生思想品德形成和身心发展的规律,依据大学生思想品德发展要求和社会对人才培养的目标要求,科学制定大学生的廉洁教育目标,进而促进大学生德智体美劳全面发展。

第二节 大学生廉洁教育的原则

大学生廉洁教育原则是指在开展廉洁教育活动时必须遵循的基本准

则,它反映了廉洁教育的客观规律,对廉洁教育活动的顺利进行具有重要的指导意义。

一、大学生廉洁教育原则的基本依据

大学生廉洁教育是高校思想政治教育的重要内容,因此,大学生廉洁教育原则与高校思想政治教育原则具有内在一致性,但也有其自身的特殊性。大学生廉洁教育原则是根据廉洁教育的客观规律,在总结廉洁教育实践经验的基础上制定出来的廉洁教育活动准则,是开展廉洁教育活动必须遵循的基本规则,对廉洁教育活动的有序开展及其实效性的提升意义重大。

要准确把握和运用廉洁教育原则,首先要明确廉洁教育原则确立的依据。由于廉洁教育原则是廉洁教育规律的具体反映,因此,确立廉洁教育原则的基本依据就是廉洁教育的客观规律。在开展廉洁教育活动时,之所以必须遵循廉洁教育原则,是因为它反映了廉洁教育客观规律的要求,只有符合廉洁教育客观规律的原则,才是正确可行的廉洁教育原则。可见,廉洁教育客观规律是确立廉洁教育原则的基本依据。廉洁教育的客观规律蕴含于思想政治工作规律、教书育人规律、学生成长规律这“三大规律”之中,廉洁教育原则的确立必须以这“三大规律”为基本依据。

二、大学生廉洁教育的主要原则

(一)方向性原则

方向性原则是指廉洁教育必须始终坚持正确的政治方向,这是廉洁教育的根本原则和最高原则,是大学生廉洁教育及其规律的本质要求。开展廉洁教育是党中央在总结历史经验、科学判断形势的基础上对反腐倡廉建设做出的重大战略决策,是构建教育、制度、监督并重的惩治和预防腐败体系的基础性工程,具有鲜明的政治性。方向性原则主要体现为廉洁教育必须旗帜鲜明讲政治,必须坚持中国共产党的领导,必须坚持中国特色社会主义。为此,新时代的大学生廉洁教育要以习近平新时代中国特色社会主义思想为指导,既要对大学生进行党的路线、方针、政策的教育,又要进行理想信念教育和廉洁道德教育,引导大学生不断增强廉洁自律意识,树立正确的廉洁价值观,不断提高拒腐防变能力。

坚持方向性原则,对大学生廉洁教育具有重要的意义。只有坚持方向性原则,才能保持廉洁教育的中国特色社会主义本质;只有坚持方向性原则,才能实现廉洁教育的价值要求。在新时代大学生廉洁教育过程中,要坚持中国特色社会主义方向,首先,必须坚持以习近平新时代中国特色社会主义思想为指导,这样才能做到科学性与思想性的统一、理论性与实践性的统一,从而增强积极性与主动性,减少盲目性和随意性。其次,要着力提高贯彻廉洁教育方向性原则的自觉性。高校的教育工作者要深刻认识到,坚持廉洁教育的政治方向是有效开展大学生廉洁教育的根本保证,在廉洁教育实践中要自觉坚持和运用方向性原则,将其精神贯彻落实到廉洁教育活动中。大学生也要清醒认识到,坚持正确的政治方向,不仅有利于个人发展,而且有利于社会的和谐稳定。最后,贯彻方向性原则要讲究科学方法。我们必须把原则的坚定性和方法的灵活性有机地结合起来,使廉洁教育自然而然地融入大学生学习生活的各个方面,从而潜移默化地正向影响他们的思想和行为;并且要探寻方向性原则与廉洁教育目标之间的契合点,以方向性原则统摄廉洁教育的具体目标,使中国特色社会主义方向成为大学生廉洁教育的灵魂。

(二)实事求是原则

实事求是原则是指大学生廉洁教育要始终坚持从实际出发,理论联系实际的思想路线。在大学生廉洁教育活动中,首先要坚持廉洁教育的目标和要求,遵循思想政治工作规律、教书育人规律、学生成长规律。具体来讲,就是要立足大学生的思想和心理发展实际,立足廉洁教育的客观要求,通过调查研究,把握大学生廉洁教育的内外部联系,探寻大学生廉洁教育的内在规律,以提高大学生廉洁教育的针对性和实效性。

坚持实事求是原则,对大学生廉洁教育具有重要的现实意义。坚持从大学生的思想实际和心理发展规律进行廉洁教育,能够有效避免主观性、随意性和盲目性,这是廉洁教育的基本要求。只有坚持实事求是的原则,才能使廉洁教育更加贴近大学生的思想、学习和生活实际,才能实现廉洁教育"入耳、入脑、入心"的目标,否则就会陷入廉洁教育"自说自话"。

坚持实事求是原则,首先,要有强烈的求真务实精神。要做到这一点,就需要进行深入的调查研究,准确掌握大学生的思想动态和心理特点,准确把握廉洁教育的实际规律,如对腐败案例的解读,既不回避问题,也不能夸大其词。其次,要坚持理论联系实际,把马克思主义的基本理论和基本方法准确运用到廉洁教育的实践当中,发挥理论指导作用,力求做到理论与实践的有机结合。再次,要讲究科学的方法。做好廉洁教育的调查研究、分析推理和总结归纳,都离不开科学的方法,没有科学的方法,实事求是原则就无法落实到廉洁教育当中。因此,廉洁教育工作者既要掌握辩证唯物主义方法论,又要能够娴熟地运用现代的教育技术,以提高实事求是原则的科学性。最后,要坚持与时俱进。随着社会的发展进步,特别是网络媒体时代的到来,客观事物急剧变化,大学生的思想观念、心理发展等也在不断变化,只有对廉洁教育的内容、形式、方法等进行适时调整更新,才能适应时代发展要求,才能满足学生成长发展需求和期待。

(三)主体性原则

主体性原则是指在开展廉洁教育活动时,教育者应当充分尊重受教育者的主体性地位,充分调动受教育者的主观能动性,积极发挥受教育者的积极性、主动性和创造性。在大学生廉洁教育过程中,高校教师是教育主体,大学生是教育客体,但在现实教育中,大学生并不是被动的接受者,而是在接受教育过程中进行着自我教育,特别是新时代的大学生,他们的主体意识更加强烈,更加勇于展示自己、善于表达主见。从这个角度来看,大学生也是廉洁教育的主体,在教育中发挥着重要作用。大学生只有对廉洁教育积极参与、主动接受,才能真正将其内化为廉洁的心理品质和外化为拒绝腐败的廉洁行为。大学生的主观能动作用是影响廉洁教育效果的关键要素,因此,要提高廉洁教育的实效,就必须坚持主体性原则,充分调动大学生的主观能动性。

在新的时代背景下,网络媒体高度发达,社会信息化使人们获取信息变得更加快捷、更加丰富。大学生作为网络社会的主力军,他们获取信息有时候比教师还要灵便,教师在教育中的优势和权威受到挑战已成常态。过去因片面强调教师的主体作用而进行的单纯灌输,已经无法适应时代发展的要求,需要采用"双向互动、引导选择"的新方式进行教育。这就要求在廉洁教育过程中,教师要以民主、平等的教育方式,引导大学生进行自我教育,努力提高大学生对廉洁与腐败的辨别能力,从而提高大学生的拒腐防变能力。

坚持主体性原则,首先,要充分发挥教师在廉洁教育中的主导作用。我们强调主体性原则,并不是否定或取消教师在廉洁教育中的主导作用,而是在教育"双主体"理念下强调"主体中的主导",实践证明,教育者的主导作用发挥得越好,受教育者的主体能动性就越能得到充分调动。[①] 因此,开展大学生廉洁教育,教师的主导作用不可忽视,这是贯彻主体性原则的重要环节,为了充分发挥教师的主导作用,必须不断提高廉洁教育教师的综合素质。

其次,要努力提高大学生的自我教育能力。廉洁教育使大学生的主体意识不断增强,进而激发他们的积极性、主动性和创造性,不断提高他们的自我教育能力,最终实现廉洁教育目标和自我发展。这是廉洁教育主体性原则的核心价值。在大学生廉洁教育过程中,要坚持以问题为导向,着力引导他们提高分析问题和解决问题的能力。让他们在理论学习和社会实践中,实现自我认知、自我评价、自我监督、自我激励和自我控制,使他们的知、情、意、行和谐发展,形成良好的廉洁心理品质。

最后,要注重将个体教育与集体教育有机结合起来。廉洁教育的主体性原则,不仅强调个体的自我教育,而且强调集体成员之间的相互教育、彼此影响。因为集体教育是个体教育的组合,个体教育是集体教育的基础。从心理学的从众心理角度来看,当集体教育做得好,个体教育自然

---

① 陈万柏,张耀灿.思想政治教育学原理[M].北京:高等教育出版社,2007.

事半功倍。因此,大学生廉洁教育要注重培养带头人,发挥示范引领作用,并在集体中营造良好的廉洁教育氛围,为个体的自我教育提供良好的环境。

(四)层次性原则

层次性原则是指廉洁教育要承认教育对象的差异性,根据教育对象不同的思想状况、心理特点、学习能力等进行分层次教育,既考虑少数的特殊性,又考虑多数的普遍性,将个性与共性有机结合起来。教育对象的层次性特征决定了廉洁教育的层次化施教。大学生廉洁品质的形成和发展,从根本上说,是由其所处的社会关系决定的,包括政治面貌(学生党员、学生干部、普通学生等)、经济地位(家庭经济背景)、人际交往等环境因素。同时,个体生理特点、心理素质的差异也影响着廉洁教育的程度和效果。在现实社会中,人们总是千差万别,大学生也具有多样性的特征,大学生的多样性特征,既表现为思想道德品质的优、中、差等状态层次,又表现为新生、老生、毕业生等阶段层次,也表现为专科生、本科生、研究生等学历层次。特别是随着网络新媒体时代的到来,大学生的思想观念、价值取向、生活方式等更加趋于多元化,所有这些都表明,大学生客观上存在着复杂的层次性和动态性。因此,廉洁教育只有坚持层次性原则,才能取得预期的教育效果。我们将大学生分为不同的层次,目的是使廉洁教育更加符合他们的实际情况,以提高教育的针对性,而不是片面地进行等级划分。

坚持廉洁教育的层次性原则,是为了解决传统教育中长期存在的"一刀切"弊端。传统教育的"一刀切"现象,就是以同一标准和要求去面对所有的学生,而不考虑学生客观存在的差异性。这种脱离实际、缺乏针对性的结果就是实效性差。一般情况下,传统"一刀切"的教育目标要求过高,而优秀的学生毕竟是少数,如果用对优秀学生的教育目标来要求绝大多数的学生,就会脱离学生的实际基础,脱离大多数学生的实际情况,其教育效果自然差强人意。因此,要关注学生客观存在的差异性特征,进行层次化教育,既要鼓励优秀学生,又要照顾大多数学生,只有这样,才能体现因材施教,满足不同层次、不同起点的学生的发展需要和心理期待。

那么,如何在大学生廉洁教育中坚持层次性原则呢?首先,要进行深入的调查研究,准确把握大学生的思想特点和心理特征。大学生的层次性是客观存在的,并随着他们学习生活环境和个体生理心理的发展变化而不断地发展变化。坚持层次性廉洁教育原则,前提就是必须准确把握大学生的思想特点和心理特征,并将其置于时代发展要求的条件下加以考察,这样才能科学认识和准确把握大学生的思想特点和心理特征,进而有针对性地对大学生进行廉洁教育。其次,要结合大学生思想和心理的层次性,确定层次化的廉洁教育目标和内容。在调查研究和分清层次的基础上,确定适合不同层次大学生的廉洁教育目标和内容,以便做到因材施教、循序渐进和逐步提高。比如,在廉洁教育目标的确定方面,对于党员学生和学生干部,就必须坚持高标准、严要求,要求他们在廉洁品质方面发挥示范带头作用。而对于大多数的普通学生,则要加强诚实守信、反对腐败等方面的教育。廉洁教育内容的确定,也应与廉洁教育目标相适应,针对不同层次的大学生确定不同层次的廉洁教育内容,只有这样,才能避免大学生的逆反心理,促进大学生将其内化与外化。最后,要努力营造满足不同层次大学生的廉洁教育氛围。要通过校园文化、班级文化、社团文化等不同的文化载体营造风清气正的文化生态,使其既能满足大学生群体发展的共性要求,又能满足大学生个体发展的个性需要,让每个大学生的廉洁素养都能获得自由而全面的发展。

(五)渗透性原则

渗透性原则指的是高校廉洁教育要融入大学生学习生活的方方面面,而要做到这一点,就必须努力构建"三全育廉"体系。"三全育廉"派生于当前正在兴起的"三全育人"理念,即全员育廉、全方位育廉、全过程育廉。2017年12月,教育部发布的《高校思想政治工作质量提升工程实施纲要》明确提出,充分发挥课程、科研、实践、文化、网络、心理、管理、服务、资助、组织等方面工作的育人功能,切实构建"十大"育人体系。这"十大"育人体系就是高校的"十大"业务工作,与大学生的学习生活息息相关,如何将廉洁教育内容融入"十大"业务工作当中,成为高校廉洁教育的重要任务。大学生的廉洁问题往往源于他们日常的学习生活,只有渗透大学生日常的学习生活当中,才能满足他们的精神需要,并及时发现问题和解决问题,从而增强廉洁教育的针对性和实效性。

坚持渗透性原则,对高校廉洁教育具有重要的现实意义。首先,只有坚持渗透性原则,才能形成大学生廉洁教育合力。把廉洁教育渗透到课程、科研、实践、文化、网络、心理、管理、服务、资助、组织等各项工作中,结合各项工作实际来育廉,就会形成全员育廉的工作合力。其次,只有坚持渗透性原则,才能更好地发挥廉洁教育效能。廉洁教育并不是独立的教育体系,而是与大学生的学习生活紧密相连,因此,要把"十大"业务工作作为廉洁教育的重要依托,因为这"十大"业务工作使廉洁教育有了用武之地。如通过参与科研工作,让大学生认识到做科研要有严谨求实的工作作风,意识到学术不端给个人声誉带来的不良后果。通过资助工作育廉,可以培养大学生的诚实守信意识、勤俭节约习惯、勇于担当精神等,这些都是廉洁教育的基本内容和重要目标。只有坚持渗透性原则,才能有效避免大学生廉洁教育和高校日常业务工作的"两张皮"现象。

如何坚持廉洁教育的渗透性原则?首先,高校教师要增强在业务工作中渗透廉洁教育的意识,自觉将廉洁教育元素融入各项业务工作当中,并努力挖掘业务工作蕴含的廉洁教育因素,对大学生进行全方位的廉洁教育,从而实现业务工作和廉洁教育的有机融合。其次,要建立各部门各方面的协同机制,形成齐抓共管的廉洁教育合力。廉洁教育不能只靠少数专职的思想政治理论课教师,而是要靠所有的部门和人员,形成全员协同育廉格局。为此,高校各部门和人员要在完成业务工作的同时,结合自身岗位职能与优势,承担相应的廉洁教育任务,形成全员育廉的网络体系。

(六)示范性原则

所谓示范性原则,指的是教师要以身作则,通过自身的清正廉洁来感染学生、正面影响学生。从某种意义上说,廉洁教育的过程,也是教师通过自身的模范行为对学生进行启迪和示范的过程。廉洁教育要取得实效,不仅要靠真理的力量,而且要靠教师的人格魅力。所谓真理的力量,就是教师所讲的东西必须符合实际,符合社会发展的客观规律;所谓人格魅力,就是教师必须以身作则、率先垂范,努力践行廉洁自律的道德要求和价值理念。这就要求教师既要结合社会发展的客观规律对大学生进行廉洁教育,更要以身作则、言行一致,以自身的清正廉洁形象去影响和教育学生。

大学生廉洁教育所要求的廉洁意识、廉洁文化、廉洁行为等,不仅离不开廉洁教育的课堂教学,更离不开教师的示范践行。大学生廉洁素养的培育,一方面是通过廉洁知识的学习,另一方面是通过教师的行为示范,才能实现内化与外化的统一。由此可见,教师的示范作用对大学生廉洁素养的培育显得极其重要和必要。因为教师承担着向大学生传导廉洁思想和廉洁价值观的重任,教师是否认同和践行廉洁思想和廉洁价值观,对大学生能否接受并内化廉洁思想和价值观至关重要。因此,教师的以身作则、率先垂范,是使廉洁教育产生强大道义力量的重要因素,是确保廉洁教育取得实效的必要条件。

坚持示范性原则,就必须做到"学高为师、身正为范"。首先,教师要加强理论学习和人格修养,不断提高自身的思想道德水平。教师的影响力主要是"非权力影响力",它和主要由职位因素赋予的带有强制性的权力影响力不同,主要是由品德、才能、知识、情感等因素所赋予。在这些因素中,品德是"非权力影响力"的核心要素,高校教师的品德会对大学生产生直接而深远的影响。因此,高校教师必须做到洁身自好、公正廉明。此外,高校教师要努力做到"行为世范",带头践行廉洁思想和廉洁价值观。教师在廉洁方面的"身教",会产生"无言"的教育力量,有着"言传"不可替代的重要作用,正所谓"喊破嗓子,不如做出样子"。因此,教师要以身作则,凡是要求学生做到的,自己首先要做到;凡是禁止学生做的,自己坚决不做。只有坚持示范性原则,才能提升廉洁教育的影响力和实效性。在新时代,有理想信念、有道德情操、有扎实学识、有仁爱之心的"四有"好教师应是高校教师的标配。

第二章

大学生廉洁教育的体系建设

第一节　大学生廉洁教育体系构成

一、大学生廉洁教育体系顶层设计

高校廉洁教育是高校思想政治教育工作的必要组成部分,其本身是一个系统工程。在高校廉洁教育理念和廉洁教育活动实施之间需要勾画出一个可操作的"蓝图",即高校廉洁教育体系的顶层设计。

(一)建立健全领导体制

高校廉洁教育领导机制是高校廉洁教育工作的保障机制,只有建立高效的领导体制才能推动高校廉洁教育体系有效运行。惩治和预防腐败体系的建立是学校党委的主体责任,廉洁教育是预防腐败的重要措施。因此要建立学校党委全面负责,有关职能部门协助负责的领导体系,明确职责、整合资源,发挥顶层设计和统筹协调的作用。同时,高校廉洁教育是高校党风廉政建设工作的重要部分,要把高校廉洁教育工作纳入思想政治教育工作之中进行统一部署,把廉洁教育任务按照现有的党风廉政建设责任制进行分解和落实,把廉洁教育的任务逐级分配给各级党组织,充分发挥党组织在党的思想建设中的作用,形成一级抓一级、层层抓落实的工作格局。高校廉洁教育领导主体要制定廉洁教育的整体目标,建立廉洁教育主体体系,明确高校廉洁教育内容,制定相关机制体制,保证廉洁教育顺畅运行。

（二）建立工作运行机制

高校廉洁教育运行机制是确保廉洁教育顺利推进的必要条件。高校廉洁教育的实施需要建立高校党委统一领导，党的职能部门组织协调，基层党支部有效推进，全校师生积极参与的工作管理机制，确保高校廉洁教育工作有序、有效进行。高校各级党组织要充分认识高校廉洁教育的作用和意义，把廉洁教育纳入高校党风廉政建设整体工作中来，对廉洁教育做出全面部署和安排；要建立高校廉洁教育领导工作体制，明确上下级关系，形成分级负责，齐抓共管的工作局面，保证廉洁教育组织、实施、考核等工作有序进行；要制定能够有效推进高校廉洁教育活动实施的措施和制度，保证高校廉洁教育活动的人员投入、场地投入、经费投入，提升廉洁教育的科学化、规范化水平。

（三）建立考核激励机制

由于当前对高校廉洁教育的重要性认识不够到位，对廉洁教育能够发挥的作用还没有达成共识，因此无论是教育者还是教育对象，参与廉洁教育和接受廉洁教育的积极性都不够高，存在着功利主义的现象。如果没有强有力的考核激励制度作为监督保障，高校廉洁教育的各项工作将很难推进，也不会形成长效机制。高校要想建立行之有效的廉洁教育考核激励机制，需把高校廉洁教育开展情况纳入高校党风廉政建设责任制目标考核中来。高校廉洁教育的职能部门要根据本校实际情况制定出切实可行的考核办法，明确考核标准，制定指标体系，对高校各级廉洁教育者开展廉洁教育工作进行评价，不断总结经验教训，督促改进廉洁教育工作。同时还应建立健全激励机制，将考核的结果作为奖惩的依据，对于廉洁教育完成较好的单位或者个人给予表彰，对于落实不到位的单位或者个人要予以追责。

二、大学生廉洁教育体系实践探索

（一）大学生廉洁教育体系的构成要素

大学生廉洁教育是以大学生为对象，通过有目的、有计划、有组织的教育,实现廉洁理论、廉洁技能和廉洁价值观的培养,以提升公众意识,达到预防腐败为总目标的教育。从系统层级而言,大学生廉洁教育是作为国家廉政体系中预防腐败的教育战略在高等教育领域中分层教育的实践,是从属于国家廉政体系建设的子系统;但从大学生廉洁教育本身而言,其又是由系列要素所组成的一个完整、有机的独立体系。

大学生廉洁教育体系构成要素是指构成并维持大学生廉洁教育整体系统,具有相互区别又存在着相互关联特征的基本单元。从价值功能而言,一方面经由多个相关要素构成的廉洁教育整体系统,具有各个要素所不具有的整体功能;另一方面大学生廉洁教育的各个要素又影响其整体效应。按照系统论的观点,系统的各个要素及其要素之间的相互作用会使系统产生出不同形态的整体效应,而这种效应在价值标准上呈现出正、负或零的事实。虽然任何廉洁教育都被认为能够增进廉洁观念,减少腐败观念,但教育的效果却并不一定如此,甚至会适得其反。

大学生廉洁教育是国家廉政体系和高等教育的复合体,是一个包含了众多要素的要素集。在大学生廉洁教育的基本要素划分上,既应当遵循教育本身的逻辑,又需要体现大学生廉洁教育的特殊性。对教育基本要素的划分,理论界从不同角度提出了"三要素""四要素""五要素"等观点,基本涵盖了教育者、受教育者、内容、目标、手段、途径等。但就大学生廉洁教育的特殊性而言,这些细致的划分无法体现其与其他教育的实质性差别,也不利于对其具有相似性要素的整体性分析。就实质性差别而言,大学生廉洁教育的教育目标和教育内容是其与其他教育区别的本质特征;就相似性而言,施教者和受教者都是廉洁教育过程中的主体性因素,教育手段和途径等都是在廉洁教育过程中涌现的。因此,大学生廉洁教育实际上是将特定的教育目标和教育内容的实质性要素通过过程性要素在教育主体间相互传递和影响的教育。实质性要素、主体性要素和过程性要素是大学生廉洁教育的基本要素构成。

大学生廉洁教育的实质性要素是由国家廉政体系建设所决定的、具有明确实在内容的实体。在层次划分上,大学生廉洁教育还可以进一步划分为廉洁教育目标、廉洁教育内容。大学生廉洁教育目标是通过大学生廉洁教育系列实践以期望达到满足个体、社会需求的结果;大学生廉洁教育内容是实现大学生廉洁教育目标的具体化。与廉洁教育的主体性要素和过程性要素相比较,实质性要素是将其与其他具体教育相区别的本质性特征。大学生廉洁教育的实质性要素的内容是客观性和主观性的合一:从客观性而言,实质性要素内容由我国反腐败和廉政建设的现实要求所决定;从主观性而言,在具体实践过程中,由于主体性要素的影响,实质性要素的内容会呈现一定的主观形态。

大学生廉洁教育的主体性要素,是大学生廉洁教育实践活动中的具体承担者。按照大学生在廉洁教育活动中所处地位差别,主体性要素又可分为施教主体和受教主体。施教主体是在教育过程中起主导地位负责组织和实施廉洁教育实践的主体。从任务分工角度又可以进一步划分为组织主体和实施主体。组织主体承担廉洁教育的组织任务,实施主体负责具体的教育行为。受教主体是廉洁教育中处于从属地位受教育的主体。大学生廉洁教育系统的整体效应与施教主体和受教主体紧密相关。一方面,施教主体的理论素养和实践能力会限制廉洁教育实践的具体水平;另一方面,受教主体又由于其本身具有的特征,在反腐败和廉洁教育中的地位和教育内容上具有不同的层次性。

大学生廉洁教育的过程性要素,是在大学生廉洁教育实施中在时间序列和空间序列出现的要素。过程性要素主要分为历时性过程和共时性过程。历时性过程是指廉洁教育实施的流程,具体包括计划、实施和评估等;共时性过程是指廉洁教育实施过程中的途径、手段和方式等。过程性要素是联系主体性要素中施教主体和受教主体的中介性要素。与实质性要素相比较,过程性要素并不具有实质性内容,而是实现实质性内容在主体间进行传播的形式或纽带。在大学生廉洁教育中,历时性过程的完整性和共时性过程的有效性是发挥大学生廉洁教育整体效应的基础。

(二)大学生廉洁教育体系的构成内容

1.大学生廉洁教育的主体

实现大学生廉洁教育的主体是所有能够对大学生廉洁成长发展产生直接或间接影响的个人、组织及社会环境等,包括国家、社会、家庭、学校、教师、周围人群、学生自身等要素。

高校是社会环境的重要组成部分,大学生是未来廉洁社会的主要建设者,在大学生中进行廉洁教育意义尤其重大。一个廉洁的社会,既包括公职人员的廉洁,也包括社会其他成员的廉洁。当前,对公职人员开展的反腐、廉政教育或干部教育比较多,但是公职人员不是生活在真空中的,他们的思想意识也会在很大程度上受周围环境的影响,而抵御来自内外部因素的影响、提升拒腐防变的能力不仅需要岗位教育,也需要岗前教育。如果公职人员在校期间就接受廉洁教育,能更好地抵御各种不良影响,在工作岗位上更有可能可能做到政治合格、品德高尚。

从教育实施的主体来看,大学生廉洁教育不仅仅是辅导员、纪检部门、宣传部门、团委、马克思主义学院的职责,还要求其他部门教职员工(公共课教师、专业课教师、管理服务人员等)积极参与,还应该有良好的家庭、社会环境等的渗透,这是一项互相影响、互相促进的教育提升工作。大学生本人在接受廉洁教育的同时,也会将自身的变化展现给其他人,这会对其他人产生影响,甚至是产生示范效应,从而带动其他人自觉地将廉洁意识贯穿日常生活的各个方面。

因此,大学生廉洁教育是全员参与的工作,不仅需要有学校的规划,还要有全体教育主体的积极参与和践行,学生个人可以通过具体行动对身边人产生积极的影响。

2.大学生廉洁教育的客体

大学生廉洁教育的客体是指教育主体的教育计划、教育内容所传递的对象,也是教育措施实施的对象。其实在社会发展过程中,每个人都应该成为廉洁教育的客体,因为每个人都会受到周围环境的影响,而且每个人只有具备准确的价值识别能力,才能更好地生存发展。大学生作为未来国家建设的主力军与担当者,需要正向指引与自主识别能力,才能成长为国家所需要的人才。

人才对于一个国家来说是最宝贵的资源和财富,是一个国家在世界市场上最具竞争力的决定性因素。新时代的大学生个性特点复杂,需求变化多样,获取外界信息渠道多,对外界变化的反应敏感,接受新事物的速度较快,思维活跃,尤其是作为互联网的一大群体,大学生对新知识、新思想的创新、接受能力都比过去的人们要强,这为新时代大学生廉洁教育提供了机遇和条件。但大学生社会阅历浅,心思较为单纯,极容易受到外界一些不良现象的影响,如对社会上存在的金钱至上、权力与关系至上等不良认知的盲从,对不诚信现象的漠视等。"桑树苗子从小育""从小偷针,长大偷金",这些谚语深刻地揭示了防微杜渐的道理,需要管理者、教育工作者认真分析内外环境变化趋势及大学生特点,开展有针对性的教育工作。

3.大学生廉洁教育的内容

2005 年 7 月《教育部办公厅关于在大中小学开展廉洁教育试点工作的意见》对廉洁教育的具体内容提出了指导性意见,包括"大学阶段,主要安排学生学习我们党反腐倡廉的理论与实践、社会主义政治文明建设理论、党风廉政建设和反腐败方面的政策法规以及我国古代廉政思想等"。根据此意见,可以将大学生的廉洁教育内容分为五个基本组成部分,即理想信念教育,法治和诚信教育,社会公德、职业道德、家庭美德和价值观教育,关于党风廉政建设和反腐败方面的方针政策、法律法规教育,道德自律教育等。总之,要以社会主义核心价值观为引导和主导,将大学生置于时代发展的大环境中,使其明确自身肩负的使命,明大德、守公德、严私德,真正成为时代发展的中流砥柱。

(1)理想信念教育

古人云:立志而圣则圣矣,立志而贤则贤矣。理想信念是人生的灯塔,可以指引人们辨识方向、穿云破雾;理想信念可以激励人们搏击沧海、奋勇向前。崇高的理想信念是人的精神生活的核心内容,一方面能使人的精神生活的各个方面统一起来,使人的内心世界成为一个健康有序的系统;另一方面又能引导人们不断地追求更高的人生目标,提升精神境界,塑造高尚人格。理想信念对于人的精神发展具有决定性作用,新时代开展理想信念教育具有重要意义。理想信念教育的主要内容就是始终坚持以马克思主义为指导,坚定共产主义远大理想,相信社会主义道路,努力实现共产主义远大理想。如果动摇了马克思主义信仰和共产主义理想,就动摇了党的执政的合法性和奋斗的动力,如果动摇了对中国特色社会主义道路的认同,就否定了改革开放40多年来的历史及所取得的一系列成就,否定历史、否定过去就等于背叛,就容易走上改旗易帜的邪路。因此,理想信念教育就是要使大家更加明确崇高信仰和共同理想,并将其作为安身立命的根本和政治灵魂,当成未来经受各种考验的精神支柱。

大学生正处于学知识、强身体、提素质的重要阶段,对人生追求的目标和实现自我价值的认识不够清晰,容易被现实问题左右,所以对他们进行理想信念教育,有助于他们正确把握社会发展的基本规律,用自己的双手开拓理想之路和人生之路。大学生廉洁教育要坚定马克思主义的信仰,掌握马克思主义的立场、观点和方法,运用辩证唯物主义分析和把握时代发展规律,用正确的理想信念引领人生前行的方向;要加强关于新时代中国特色社会主义的共同理想的教育,为实现中华民族伟大复兴的中国梦、建设社会主义现代化国家而奋斗;要加强共产主义远大理想的教育,明确共产主义是现实发展与未来目标的统一,是人类社会发展的方向,需要一代又一代人戮力同心、艰苦奋斗才能实现;要有针对性地开展思想道德教育,大力弘扬传统美德,提高学生审美的情操和修养,明确是非观念,积极开展艰苦奋斗教育,让艰苦奋斗、勤俭节约、诚实守信、勇担责任等成为学生积极向上、奋力攀登的阶梯。只有在大学生廉洁教育中强调理想信念教育,才能够树立马克思主义的坚定信仰,自觉抵制腐朽思想的侵蚀,为实现新时代中国特色社会主义的共同理想和共产主义的远大理想而不懈奋斗。

（2）法治和诚信教育

全面依法治国关系党的执政兴国、关系人民的幸福安康,在"四个全面"战略布局中处于党和国家实现长治久安的重要保障和治理国家基本方略的地位。要形成依法治国的良好氛围,需要调动人民群众投身依法治国实践的积极性和主动性,提高全民族的法治素养和道德素质。要使人民群众成为社会主义法治的忠实崇尚者、自觉遵守者、坚定捍卫者,离不开全体人民知法、懂法和守法,因此,大学生在校期间接受法治教育、诚信教育,形成良好的权益意识就显得尤为必要,不仅对自己,而且对他人、对整个社会都具有重要的意义。

大学生的法治教育内容涉及的面比较广,除了宪法及法律之外,还包括所有专业课中可能会涉及的法律常识、日常生活中能够用得到的法治基础知识及相关的诚信意识、廉洁意识。但是目前高校的学时有限,给学生开设的公共课中只有一门"思想道德修养与法律基础"设有专门的内容讲道德建设,而涉及廉洁教育的内容不多。部分学校还给学生开设了一些法律的选修课,有个别学校成立了学生法律社团、工作室等,非法律专业学生的诚信教育、法治教育也主要是以辅导员的日常教育或学生的自觉学习为主。从新生的入学教育到考试前的诚信宣传,到毕业论文写作的纪律强化及职业规划、就业指导等各环节,相关人员主要是结合事件进行廉洁思想的教育和渗透,很难有系统性和规划性的廉洁教育,也缺少对教育效果的跟踪考核,这也是本书呼吁开展大学生廉洁教育、法治教育的一个原因。

（3）社会公德、职业道德、家庭美德和价值观教育

在人类历史发展过程中,形成了一些最简单、最基础的公共生活准则,这些准则是长期社会生活中积淀的用以调节公共生活的道德规范,就是我们通常所说的社会公德,其处于社会道德体系的最基础层次,通过不同时代公民的社会公德水平,可以看出不同时代文明进步的水平,正是由于这些社会公德的存在才能使社会正常秩序得以维护,人们的生产、生活

和交往才能得以正常进行。在大学生廉洁教育中,廉洁自律是最基本的内容,要教育学生自觉抵制各种拜金主义、物欲主义、享乐主义的诱惑和侵蚀,形成和巩固严于律己、敬业奉献的健全人格,才能在未来的社会中承担重要的责任。

职业道德是与职业发展紧密相连并符合职业发展要求的职业准则、职业操守和职业品质,是人们在职业生涯中应当遵循的道德要求和行为准则。在大学生廉洁教育中开展职业道德教育,就是要帮助学生树立崇高的职业理想,使其在奉献社会的同时完善自我。

2019年,中共中央、国务院印发《新时代公民道德建设实施纲要》,其中对职业道德的要求是:爱岗敬业、诚实守信、办事公道、服务群众、奉献社会。结合这些基本要求开展相关的职业道德教育就成为高校教育规划设计的一个内容,要将其与学生的职业发展规划结合起来,与学生的岗位认知结合起来。爱岗敬业,就是热爱自己的岗位,敬重自己的职业,坚守自己的职业操守,勤奋努力、恪尽职守。诚实守信,就是忠诚真实、信守承诺,体现职业人的道德操守和人格风范,是职业人入门的通行证。办事公道,就是公平、公正,不以权谋私,不损公肥私,不假公济私,出于公心办事,按照法律法规办事。服务群众,就是忠于职守,勤勤恳恳、兢兢业业在本职岗位上努力为社会工作。奉献社会,就是清正廉洁、无私奉献、一心为公,忠诚履行职责,自觉抵御各种利益的诱惑。

家庭美德是每个公民在家庭中应遵守的行为准则,从我国历史和现实家庭情况出发,家庭美德建设的主要内容是:必须坚持以为人民服务为核心,在家庭成员中树立为人民服务的道德观;以集体主义为原则,将家庭成员的理想与奋斗融入社会和广大人民的共同理想与奋斗中;以爱祖国、爱人民、爱劳动、爱科学、爱社会主义为基本要求,增强家庭成员的民族自尊心、自信心和自豪感。树立以"尊老爱幼、男女平等、夫妻和睦、勤俭持家、邻里团结"为主要内容的家庭美德,重点应突出夫妻、长幼、邻里三种关系。

支撑一个国家、一个民族发展的最持久、最强劲的力量是共同认可的价值观。新时代要培育和践行社会主义核心价值观,因为核心价值观是一个民族赖以维系的精神纽带,是一个国家共同的思想道德基础。中国特色社会主义制度的确立也需要与之相适应的思想观念和价值体系,社会主义核心价值观就是当代全体人民共同的价值追求,是汇聚建设社会主义现代化国家、实现中国梦磅礴力量的源泉。党的十八大从国家、社会、个人三个层面提出"三个倡导"的社会主义核心价值观,秉承了中华优秀传统文化,与中国特色社会主义建设的客观要求相适应,对我们要建设什么样的国家、建设什么样的社会、塑造什么样的公民等问题给予了明确的回答。

大学生廉洁教育要围绕社会主义核心价值观精心设计教学内容,通过教育引领让大学生充分领会国家层面、社会层面、个人层面的价值要求,并将廉洁教育的内容融为一体,融入社会生活的各个方面,让学生在实践中感悟它、领悟它,达到"日用而不知"的程度。大学生不仅要铭记"三个倡导"的内容,还要深刻理解其含义,理解为什么要用这 24 个字诠释社会主义核心价值观。大学生还要自觉践行社会主义核心价值观。"一个民族、一个国家,必须知道自己是谁,是从哪里来的,要到哪里去,想明白了、想对了,就要坚定不移朝着目标前进。"大学生的价值取向对未来社会的价值取向具有重要意义,大学生应当不断加强政治理论学习,不断陶冶自己的情操,就像扣扣子一样,扎扎实实塑造自己的人生观、价值观,努力成为社会主义核心价值观的坚定信仰者、积极传播者、模范践行者。

(4)关于党风廉政建设及反腐败方面的方针政策、法律法规教育

党的十八大以来,我党全面开展党风廉政建设和反腐败斗争,重拳出击,严厉打击各种腐败现象,取得了举世瞩目的反腐成绩。大学生虽然生活于校园内,但是信息获取的速度却是很快的,很多大学生时刻关注着国家的发展。事实证明,越是具有政治觉悟的学生,他们对国家大事的关注度就越高。可以说,这些廉洁治吏的行动也是大学生关注的,他们也希望

能够从各种腐败案例中吸取经验教训,并通过学习了解更多的相关法律法规使自己能筑起"防火墙"。因此,通过适当的形式开展反腐败方面相关政策、法律法规的教育不仅必要,而且可行。具体来说,从学生日常生活中最基本的诚实守信、遵守课堂纪律和考试纪律等日常教育开始,不仅要对学生进行从严治党重要性的教育,而且要让学生了解法律法规及规章制度,对于积极要求进步的学生还可以进行相关的党规、党纪教育。

为了贯彻落实全面依法治国战略,推进法治国家、法治政府、法治社会的建设,实现国家治理体系和治理能力现代化,2020 年 11 月,党中央在全面依法治国工作会议上,正式提出"习近平法治思想"。习近平法治思想内涵丰富、意蕴深刻、逻辑严密、系统完备,是全面依法治国的根本遵循和行动指南,是建设社会主义法治国家的战略思想和工作部署。其核心内容就是习近平总书记重要讲话中精辟概括的"十一个坚持":坚持党对全面依法治国的领导;坚持以人民为中心;坚持中国特色社会主义法治道路;坚持依宪治国、依宪执政;坚持在法治轨道上推进国家治理体系和治理能力现代化;坚持建设中国特色社会主义法治体系;坚持依法治国、依法执政、依法行政共同推进,法治国家、法治政府、法治社会一体建设;坚持全面推进科学立法、严格执法、公正司法、全民守法;坚持统筹推进国内法治和涉外法治;坚持建设德才兼备的高素质法治工作队伍;坚持抓住领导干部这个"关键少数"。深入学习和贯彻落实习近平法治思想将是今后一段时间法治建设的中心任务。为了深入贯彻落实习近平法治思想,建设社会主义法治国家,2020 年 12 月,中共中央印发了《法治社会建设实施纲要(2020—2025 年)》,为推动法治社会建设提供了清晰的路线图。把习近平法治思想纳入大学生廉洁教育内容中,可以使大学生清楚地认识到,全面依法治国是实现国家治理体系和治理能力现代化的根本途径,只有建设法治国家、法治政府、法治社会,才能建成社会主义现代化国家,实现中华民族伟大复兴的中国梦。

(5)道德自律教育

道德自律是道德主体在认同社会道德原则、道德规范的基础上,将其内化为自我内心的道德法则(或道德良心),并依据内心的道德法则主动地、自觉自愿地遵从和践履社会的道德原则、规范而形成的一种稳定持久的道德品格。从道德自律的发展过程来看,道德自律通常具有自主性、自控性、选择性和层次性等特征,高道德自律水平的人,无论在什么场合都能够做到自省自控,能够是非分明,对行为做出正确的判断和选择。道德自律品格的生成需要道德自律的教育,这类教育除了团队训练形式的活动外,更多的应该是在学生的日常行动中加以教育或施加影响,使道德形成无形的约束力量,达到规范学生行为的目的。

4. 大学生廉洁教育的途径

大学生廉洁教育的途径是指教育主体通过何种方式方法将教育内容传递给教育客体,并对产生的影响效果进行监督和评价。通常情况下有传统的课堂教学方法及课外教学方法两大类,而每个大类中又包括很多具体的教育教学方法。近些年随着国家反腐力度的加强、信息技术的不断出现及应用,一系列创新的教学方法、反腐宣传的方法都可以为高校的廉洁教育提供借鉴,课堂教学、网络与翻转课堂、经典阅读与榜样示范、课外实践、社会调查等形式都可以进入廉洁教育体系。不断拓展廉洁教育的实现途径,提升廉洁教育效果,是当前高校教育管理者面临的教学改革任务之一。

大学生廉洁教育的实现途径,除了思政课教学、公共选修课教学、专业课教学,还包括各种实践活动。目前,已经有一些学校开展了课程教学、实践教学,成立了学生社团、科研中心,开展了形式多样的互动交流。大学生廉洁社团可以在重大节日、纪念日开展主题教育活动,如在国际反腐败日到来之际开展以"廉洁""清廉"等为主题的演讲比赛、书法、绘画等活动;通过组织带领学生参观警示教育基地,讲好廉政故事,传播好中华文化等。总之,应将大学生廉洁教育融入思政课的理论教育、融入专业的培养教育、融入各种专题的教育、融入网络新媒体、融入校园文化建设,形成全员育廉、全过程育廉、全方位倡廉的格局,促进大学生基于"个性发展、综合素质发展及和谐发展"视角的全面发展,真正提高高校廉洁教育的针对性和实效性。

为了保证大学生廉洁教育规范有序开展,提高教育的实效性,需建立一套新型的、系统的廉洁教育评价机制。这是检验廉洁教育效果好坏的十分必要的机制,也是对大学生廉洁教育工作进行科学评价和促进工作改进的重要保证。这一评价机制要坚持实事求是,运用科学方法和技术手段进行综合评价,做到动态评价与静态评价相结合、定性评价与定量评价相结合、全面评价与重点评价相结合,注重教育的科学性、时效性、长效性,兼顾廉洁教育的知识普及、廉洁实践、道德品行等分项内容及其标准的量化。另外还要考虑到廉洁教育的实效评价要具有延伸性,关注大学生走上工作岗位后,能否经受住各种腐朽思想的侵蚀及各种诱惑的考验,能否做到廉洁奉公,相关的廉洁教育效果评价机制要对这些表现进行跟踪调查,做出统计和全面评价。只有将大学生廉洁教育效果评价机制延伸到社会,得到大量毕业生离校后的信息反馈,才可以说实现了完整的评价,并基于此找到学校廉洁教育成功或失败的原因,帮助我们不断改进廉洁教育的方法手段,完善廉洁教育的理论体系和工作体系,形成廉洁教育的长效机制。

三、大学生廉洁教育制度化长效机制的体系构成

大学生廉洁教育制度化长效机制是由一整套体系完备、构成健全的机制组成的有机体。构成大学生廉洁教育制度化长效机制体系的各个因素是相互联系、相互融合的,只有在强有力的领导组织保障机制下,学校各部门齐抓共管,并且充分发挥内容层次阶段机制、方法途径载体机制、监督评价管理机制等的效能,才能保证大学生廉洁教育长足有力地发展。

(一)领导组织保障机制

一个强有力的领导组织保障机制,一个由高校党委统一领导、党政齐抓共管的领导组织保障机制,是大学生廉洁教育工作有效开展实施的重要保证。在构建大学生廉洁教育的领导组织保障机制工作中,一方面要抓好领导组织机制,另一方面要抓好师资建设保障机制。

抓好领导组织机制就是要建设好学校党委统一领导,党政齐抓共管,各基层党委、行政职能部门与教学单位各负其责、明确分工、共同参与的领导组织机制①,依照"谁主管、谁负责"的准则,落实大学生廉洁教育各项工作开展实施的责任人。大学生廉洁教育工作开展实施中的领导组织机制通过高校党委统一领导、党政齐抓共管、明确分工,可以科学解决某些部门单位与个人的不作为状态,实现各级部门岗位将大学生廉洁教育与本职工作紧密联系有机结合。高校纪委监察部门在领导组织机制中要充分发挥牵头协调作用,既要提高高校党委与行政部门对大学生廉洁教育工作重要性的认识与肯定,又要积极部署大学生廉洁教育相关工作要求的实施,牵头组织协调各职能部门,将高校教育教学工作以及管理工作与大学生廉洁教育工作要求有机结合统一,分解落实大学生廉洁教育工作任务,减少各职能部门之间对大学生廉洁教育工作的相互推诿,增进各职能部门分工明确又相互配合的工作意识,确保大学生廉洁教育工作要求的具体实践开展。思想政治教育部门主要负责组织建设大学生廉洁教育理论教育教学工作,组织专业教师对大学生廉洁教育课程体系的建设,包括大学生廉洁教育在高校思想政治教育课程的有机结合融入,大学生廉洁教育理论课程教育教学形式的改革创新等②。学校宣传部门则要积极探索将大学生廉洁教育工作与学校环境建设协调统一起来,利用高校宣传阵地建设好、宣传好大学生廉洁教育工作,构建好大学生廉洁教育的浓厚氛围。学生工作管理部门要将大学生的课外教育活动工作加进大学生廉洁教育内容,通过开展丰富多彩的学生社团活动以及社会实践活动提升大学生的廉洁意识与能力,比如可以建立大学生廉洁教育社团、组织讨论腐败案例等。

抓好师资建设保障机制是指需要构建一个重视大学生廉洁教育工作

---

① 夏云强.构建高校大学生廉洁教育的管理机制[J].湘潭师范学院学报,2007(1):67—69.

② 杨卫兵.大学生廉洁教育研究发展现状及其管理体制的优化[J].中国西部科技,2009(17):77—78.

开展实施中师资队伍建设保障水平的机制,它要求建设一支职业道德够好、专业素质够硬、教育教学水平够高的大学生廉洁教育专业教师队伍以及政治思想端正、道德品质高尚、工作能力强的思想政治工作队伍①。当前高校大学生正是人生青春期阶段,他们的思想认知水平参差不齐,生理与心理发展不同步,世界观、人生观与价值观都有很强的可塑性,大学生廉洁教育工作部门需要及时加强对他们的正面廉洁教育引导学习和反面腐败案例警示教育。但要想有效实施开展对大学生的廉洁教育,一支接受过良好廉洁教育的师资队伍不可或缺。正所谓教育者必先受教育,大学生廉洁教育的领导组织者必须积极加大师资队伍建设,要坚定不移地加强高校教职工认真学习大学生廉洁教育的党中央和国家相关工作精神,正确引导广大高校教职工对国家与社会反腐倡廉工作的认识,增进他们对大学生廉洁教育工作开展实施的认同感,从而侧面影响提高教职工开展大学生廉洁教育工作的教育教学能力。与此同时大学生廉洁教育领导组织保障机制还要切实加强师资队伍的师德建设,将崇廉尚洁的思想行为准则推进到师资队伍的师德建设工作中,不断强化师资队伍的职业道德操守,使得广大高校教职工真正做到身体力行、德高为范,为大学生树立崇廉尚洁的价值取向,不断增强教师对大学生进行廉洁教育的有效性,从而增进大学生廉洁教育的长效开展。

(二)内容层次阶段机制

作为大学生廉洁教育制度化长效机制的一个重要组成部分,大学生廉洁教育的内容层次阶段机制是指开展大学生廉洁教育要根据大学生的身体、心理和思想认知水平,依照大学生教育教学的开展规律特征,按照阶段层次区分不同内容,适时对大学生进行有效的廉洁教育②。

一是落实新生入学及其大一阶段教育。对大学新生军训时开展的廉洁教育往往是效果最好的,它会给刚进校门的大学新生们留下深刻记忆

---

① 左辉群,李志玲.和谐视野下大学生廉洁教育的探索[J].江西农业大学学报,2008(1):126-128.

② 周六春.论大学生廉洁教育的开展策略[J].沧桑,2008(4):182-183.

并产生巨大影响,会给大学生以后的行为规范奠定扎实基础。大学生廉洁教育工作部门与人员应当充分利用好这一阶段,如班主任召开主题班会,辅导员走进学生宿舍,学校举办大型廉洁教育讲座等,全方位多角度地把廉洁教育内容与实际工作融合起来实施廉洁教育;同时还应发挥教师言传身教、身体力行、模范带头作用,来引导大学生首先树立起良好的遵守校纪校规、遵守学生日常行为规范、遵守法律法规意识,并不断在以后的廉洁教育中因材施教。

二是注重重点培养对象的廉洁教育。把学生干部、学生党员的廉洁教育放在大学生廉洁教育工作的重点之中,是因为学生干部、学生党员在广大学生中具有较高影响力,抓好他们的廉洁教育工作,可以让他们更贴近广大学生,有利于进行廉洁教育宣传与动员,而且也可以使廉洁教育工作更有效地抓住学生所需要的廉洁教育重点内容。在对重点培养对象进行廉洁教育时,可以通过召开党校初级、中级培训的方法,在培训中把廉洁教育思想等信息灌输到学生头脑中,并通过社会实践活动加以强化,从而增强大学生自觉自律意识、增强纪律团结意识,使其树立良好的清正廉洁观念,真正成为社会主义事业的建设者和接班人,成为推进党的反腐倡廉建设的重要力量,成为带动身边同学廉洁意识的一面面旗帜[①]。

三是围绕专业基础知识学习与实践的教育。大学生在大二大三学年基本上是以各自专业基础知识的学习与实践为主要学习任务,这个时期也是他们以后走向工作岗位的知识技能储备期,更是他们的职业道德操守初步成型期。为此,大学生廉洁教育工作部门应紧抓这个内容层次阶段,组织好专业教师与实习安排,以专业教师的职业操守影响学生,以实习实践良好的实习内容熏陶学生,使学生把所学的专业理论知识、技能与专业基本廉洁品格结合起来,在专业基础知识学习与实践中养成诚实守信、按章办事、遵纪守法的行为习惯,为成为各行各业的社会主义事业接班人打下牢固的廉洁品格。

---

① 刘兵等.大学生党组织在廉洁教育中的主体性作用研究[J].文教资料,2009(7):177-179.

四是落实大学生毕业廉洁教育内容。大学生毕业廉洁教育内容是指在大学最后一学年的毕业教育中将廉洁教育内容与之有机结合统一,为毕业教育增加新的内涵。高校要抓住大四毕业生的最后一学年,对大学生有针对性地进行廉洁教育,毫不动摇地加强自尊自爱的廉洁意识与爱岗敬业的职业操守、两袖清风的廉洁品格与为国效力的人生追求等教育内容,为他们进入多元化、复杂化的社会打好预防针,时刻把握好自己、辨别好是非,时刻为国家做出新的、更大的贡献并时刻成为树立身边廉洁风气的建设者[①]。

(三)方法途径载体机制

新形势下开展大学生的廉洁教育,需要通过构建自我教育、课堂教育、课外教育三方面多种方法途径与载体有机结合的长效机制。大学生廉洁教育的方法途径载体机制必须重视自我教育、课堂教育、课外教育三方面的方法途径载体有机统一,重视它们之间相互渗透、相互补充、良好互动的结合,并不断丰富创新方法途径载体内涵与内容,实现多管齐下的立体式大学生廉洁教育,切实提高大学生廉洁教育的成果。

1.自我教育

当代大学生大多具有较强的独立能力和自我意识,廉洁教育中如果仅对其进行外部灌输教育,可能无法达到良好的教育效果。我们应充分利用大学生自身内因的内生性机制建设,不断激发其个人主观能动性,使大学生注重对自身的廉洁教育,锻炼其自我学习、自我控制能力。因此,高校开展大学生廉洁教育各相关部门在对大学生进行廉洁教育时,要将充分发挥大学生主观能动性与廉洁教育教学目标教学课程设计有机结合统一起来,要将充分发挥大学生主观能动性与开展廉洁教育各种课外活动形式有机结合统一起来,通过内外因素共同作用,突出大学生自我教育对个人主观能动性的发挥,增进大学生廉洁意识,增强大学生防腐树廉的行为内力,使大学生真正成长为一名合格社会主义建设者。例如在校园

---

① 夏云强.构建大学生廉洁教育内容基本框架的探讨[J].教育与职业,2007(26):85—87.

丰富多彩的活动开展中,重点关注学生的参与性,组织专题讲座、观看影片时,注意倡导学生写感想、写总结,召开主题班会要多讨论、重引导,把大学生的廉洁教育落到实处,实现廉洁教育从外化到内化的转化[①]。

2.课堂教育

现阶段,课堂教育作为大学生廉洁教育的一个主阵地,这一方法途径载体必须继续得到加强。课堂教育是指在课堂上对大学生进行的系统廉洁理论和政策教育学习活动。这可以从两个方面来论述:

一方面是指针对所有在校大学生进行的廉洁课堂教育。它体现在高校的思想政治理论课程课堂教育和蕴含崇廉尚洁思想教育的其他学科的专业基础课堂教育中。高校思想政治理论课程课堂教育是大学生思想道德建设工作的主要载体,也是对大学生进行思想教育的主要形式。新形势下面向大学生开展科学系统的崇廉尚洁思想教育,不仅仅是大学生适应新形势学习新文化的需要,更是高校思想政治理论课程教育新内涵、新目标的要求所在,所以高校思想政治理论课程的课堂教育应积极、科学融入大学生廉洁教育相关工作[②]。为此,我国高校的大学生廉洁教育组织管理部门在开展大学生廉洁教育工作中应充分利用好这一方法途径载体,根据当代大学生的身心特征、个性特点与思想认知水平以及廉洁思想现状,组织管理好思想政治理论课专家按照"大学阶段,主要安排学生学习我们党反腐倡廉的理论与实践、社会主义政治文明建设理论、党风廉政建设和反腐败方面的政策法规以及我国古代廉政思想等"要求,将大学生廉洁教育融入高校思想政治理论课程课堂教育的制订计划工作,组织管理好各专业学科专家学者切实加强本专业与廉洁教育结合点的教学安排工作,将大学生廉洁教育内容穿插于高校思想政治理论课程以及各专业基础课堂教育学习,将古今中外的廉洁政治与引人深思的腐败案件结合

　　①　蔡丽娅.提高新形势下大学生廉洁教育实效性的实践性思考[J].高教论坛,2009(1):15-17.

　　②　夏秀芹,曲雁.开展大学生廉洁教育的探索与思考[J].思想教育研究,2010(2):100-102.

到课堂教育中,切入大学生廉洁教育主题,从思想政治理论教学角度与具体专业基础教学角度分析提升廉洁思想在大学生个人思想道德素质与专业知识修养中的重要性,运用正确的理论知识方法来正确分析看待社会上的腐败状况,明辨是非,使大学生树立爱岗敬业、诚实守信等职业品德及遵纪守法按规则办事的行为准则,从心性修养、法律层面等廉洁知识储备到世界观、人生观、价值观的形成上,真正促使大学生形成崇尚廉洁的价值判断,树立廉洁职业价值观,并将其内化为个人的人生价值取向。

另一方面的课堂教育是指在大学生群体中的积极分子、先进分子、党员骨干中间开展的有针对性重点的廉洁教育,集中体现在高校各种党校课堂上。大学生群体中的积极分子、先进分子和党员骨干们是我国特色社会主义事业的希望与未来,是党和国家的重要后备队伍与核心继承力量,他们的思想政治素质决定着国家和民族的未来,所以对这部分大学生需要有针对性的重点进行廉洁教育。有针对性重点的廉洁教育就是要在高校各级党校课堂教育中把大学生廉洁教育内容目标有机融合进来,加强学生积极分子、先进分子、党员骨干的廉洁教育,提高学习廉洁教育理论知识水平,丰富教育教学的考察形式,使他们的思想政治素质与廉洁清正品格在同学中间表现突出,带动更多学生参与廉洁教育,体现出他们的优势。只有这样,才能不断增强大学生群体的积极分子、先进分子和党员骨干对于大学生廉洁教育的推动和旗帜作用,不断推动大学生廉洁教育又快又好、又广又深地纵深发展①。

3. 课外教育

为适应大学生的身心健康发展与个性特点,大学生廉洁教育还应积极拓展课外教育的方法、途径、载体、机制,以提高大学生廉洁教育的实效。课外教育主要是指除去课堂教学教育方式方法外的其他一些大学生廉洁教育方法途径载体集合,它包括两个方面的内涵,一是校园内部廉洁自律宣传教育,二是校外廉洁教育宣传实践。课外教育的方法途径载体

---

① 谭元敏.对大学生预备党员进行廉洁教育的思考[J].学理论,2009(17):275－276.

工作也是整个国家和社会反腐倡廉的重要组成部分,搞好这个关键环节才能让大学生更好地接受廉洁教育。

在校园内部开展大学生廉洁教育工作时,要积极重视高校大学生廉洁教育环境的创设。比如,高校在开展廉洁宣传教育时,大学生廉洁教育相关部门就要注意宣传内容选择的突出性,注意个案事例的选择,突出正面与反面的对比教育,运用好校园"热门地点",学校公告栏、橱窗、教学楼、食堂、图书馆等地,进行润物细无声般的宣传。校园文体活动的开展也是高校大学生廉洁教育环境创设的重要组成部分,要将大学生廉洁教育内容任务有机地与校园文体活动结合统一起来,用廉洁思想武装文体活动,用覆盖面广、参与性强的文体活动表达廉洁思想,引导学生实践公正无私、戒奢节俭、防微杜渐等修身之道,让大学生廉洁教育为校园文体活动增添新的内涵,而校园文体活动也为大学生廉洁教育提供实现途径①。

大学生廉洁教育目标的实现既要让大学生学习理论知识,也要让大学生学会理论知识与社会生活相结合,通过社会实践等活动更深刻地理解廉洁教育。校外廉洁教育宣传实践既是培养大学生社会活动能力,提高实际技能的过程,更是大学生进行自我教育与提升大学生廉洁教育水平的过程,所以它也是大学生廉洁教育方法途径载体中不可忽视的一面。大学生廉洁教育工作开展部门应高度重视、有计划、有组织、有纪律、有保障地将大学生廉洁教育与暑期大学生"三下乡"等活动有机结合,并与司法机关、纪委机关相互沟通建立社会廉洁教育基地等,通过各种形式多样的实践活动对大学生进行廉洁教育,让大学生自觉投身社会实践活动,使大学生对社会的错误的、消极的感性认识转换为对社会积极正确的理性评价认识,从而更加深刻地理解大学生廉洁教育与反腐倡廉工作。为此,大学生廉洁教育工作部门应有目的地把组织大学生参观监狱、参观革命纪念地与走访勤政廉政的模范人物、优秀领导干部相结合,鼓励大学生参

---

① 张纯玉等.高校大学廉洁状况调查及教育途径的探究[J].高等农业教育,2009 (2):8—11.

加勤工俭学、社会义工、志愿者等公益活动,深入社区、街道、农村与工厂,了解社会、了解国情,树立艰苦奋斗自强不息的精神风貌,使大学生把廉洁思想融入自己日常生活与行为习惯中[①]。

(四)监督评价管理机制

大学生廉洁教育制度化长效机制离不开一个科学有效的监督评价管理机制,它是实施大学生廉洁教育工作的护航手,是实现大学生廉洁教育目标的重要保证。为此需要建立一个监督评价动态管理小组,它向高校党委负责,主要由学校纪检监察机关、教学管理部门、学生思想政治教育工作部门负责人及有关专家和学生代表组成,根据已经规划制定的大学生廉洁教育的短期具体行动、中期目标计划和长期教育蓝图,以及各二级学院部门签订的"大学生廉洁教育建设责任书",通过对大学生廉洁教育工作开展的情况效果进行监督评价,建立有奖有罚的监督评价管理机制,从而加强对大学生廉洁教育工作开展情况的管理监督[②]。只有这样长期规范的制度约束和监督评价管理,才能使大学生廉洁教育常态化、制度化、长期化,培育出健康向上、公正、清廉的大学校园文化环境与既有传承又有创新的廉洁教育长效机制。

另外,当代大学生自我独立意识能力较强,具有鲜明的个性身心特点与时代特征,他们对现实中的各种社会事件与事实有着各自的认识与判断,所以在大学生廉洁教育制度化长效机制的建设中不能忽视大学生对于监督评价管理机制的重要作用。当前高校中大学生往往仅仅被当作教育对象、管理对象,忽视了大学生这一群体行为的主观性、能动性,未能重视从大学生自身激发其教育自我的动力。加之高校各项事业要公开公正运行,不仅需要上级或同级部门的监督评价管理,更需要人民群众积极参与监督,而大学生正是人民群众不可或缺的一部分。所以大学生廉洁教

---

① 徐克,刘进,陈前江.试论基层团组织在大学生廉洁教育中的作用[J].青年文学家,2009(11):73.

② 杨卫兵.大学生廉洁教育研究发展现状及其管理体制的优化[J].中国西部科技,2009(17):96.

育工作者必须充分发挥大学生对于廉洁教育工作的主观能动性,鼓励他们参与大学生廉洁教育的监督评价管理机制中,增进学校廉政建设与廉洁教育工作的深入开展。大学生廉洁教育组织管理部门应积极协商学校相关行政管理部门,为大学生参与校务公开监督创造条件。通过开辟校园网络论坛、校长信箱、校务公开信息栏、校领导接待日等途径,方便大学生对学校教学管理、行政决策、科研发展等一些相关领域问题的参与和监督,大学生廉洁教育组织管理部门还需在其中加以引导,切实有效地使大学生在参与和监督的实践中不断增强、提升自身的廉洁意识与技能,让大学生廉洁教育得以在更高的层次阶段上深入顺利地开展,使高校行政管理人员、教师和学生之间在这样的相互督促、相互教育的互动过程中养成良好的廉洁意识和思想道德素质。

第二节　大学生廉洁教育体系基本特征

高校廉洁教育体系的构建可以实现两个方面的整合,一方面是对高校廉洁教育各要素进行整合,把高校廉洁教育的目标、主客体、内容、途径等进行合理排序、有效对接,整合各要素组织构成、运作过程,促进教育机制的整体构建和功能的集成;另一方面是对各要素内部自身进行整合。高校廉洁教育体系目前还未完全建立,体系中各要素内部的组成部分有所缺失,零散地存在于廉洁教育当中,既缺少完整性,也缺少活力,因此廉洁教育体系构建的目的之一就是配齐配强廉洁教育体系缺失的要素,整合零散的排序,健全各要素的结构和功能,为廉洁教育整体发挥作用提供必要的条件。高校廉洁教育体系是一个有机的整体,它具备一个体系应有的基本特征。

一、整体性

整体是指一个由多个有内在关系的各部分所组成的体系。"整体"有一定的组成原则、组织规则、组织机构、运转规则和运行秩序等。高校廉洁教育体系各组成要素并不是简单罗列,而是存在着一定的相互关系,高校廉洁教育体系在产生之初及发展过程中,其所有要素都是围绕着廉洁教育目标相应而生的,同时在这个体系运行的过程中,各要素与系统之间、各要素之间都发生着有机的联系,这种联系形成了一种结合力,将各要素构架起来从而形成一个整体,这个整体的运行围绕实现廉洁教育目标而不断调整、适应。

二、关联性

高校廉洁教育体系是由教育者、教育对象、教育内容、教育目标、教育方法等要素构成的,各要素之间是基于一定的逻辑关系而存在的,它们之间相互作用,相互影响。系统中的任何一个要素其存在的意义和运行的效力都与其他要素息息相关,这种关联是复杂的、多维度的,各要素在运行过程中的相互作用形成了高校廉洁教育体系的内部的联系、结构、地位、功能、作用。例如,教育对象自身的特点决定了教育内容的选择与取舍,教育方法既取决于教育内容,又要考虑教育对象廉洁认知水平,还要考虑教育者素质。同时教育方法又会对教育结果产生一定的影响,进而又会影响教育目标的实现。总之,廉洁教育体系内部各要素之间呈现出纷繁复杂的关系,它们之间相互关联、相互作用、相互影响。

三、有序性

当事物组成要素具有某种约束性,呈现某种规律时,该事物或系统就是有序的。高校廉洁教育体系是由内部各要素通过一定的组织关系构建起来的,各要素在发生、发展过程中存在着一定的逻辑顺序和因果关系。例如,高校廉洁教育目标的设立决定了廉洁教育内容的产生和确定,廉洁教育内容影响着廉洁教育方法,廉洁教育方法影响着廉洁教育效果,廉洁教育效果影响着廉洁教育目标的实现。当廉洁教育效果不理想时,各要素就需调整运行方式。廉洁教育者的教育水平,廉洁教育对象的认知发展水平等都是制约因素,在廉洁教育系统中不断发挥着作用。在高校廉洁教育体系实施过程中,要充分认识到因相互关联而产生的有序性,并制定科学有效的运行机制,这样方能发挥出整个廉洁教育体系的整体功效。

第三节　大学生廉洁教育体系实施运行

一、内核机制的实施

高校廉洁教育体系的实施是一个系统的运行过程,需要多个层面、多个环节协调推进。高校廉洁教育围绕教育目标制定了具体任务,其主要由高校党委职能部门、各级党组织承担,各部门之间应协同合作,共同发挥作用,实现廉洁教育的逐级深入、层层传导、全面覆盖。

(一)高校党委发挥主体作用

廉洁教育是预防腐败的基础性工作,是高校从严治党的必然要求,对高校师生员工实施廉洁教育能够有效地预防腐败。高校廉洁教育所涉及的范围覆盖整个高校全体人员,需要推进多个层级才能落实到位,为了有效防止廉洁教育工作逐级弱化的问题,必须强有力的领导机构作为后盾,对全校廉洁教育工作进行统筹、部署、检查。高校党委作为高校党风廉政建设的第一责任人,要发挥其领导作用,领导学校各级党组织积极有效开展各层面的廉洁教育。党委要确立本校廉洁教育的目标,责成职能部门制定具体任务,同时要建立工作例会制度和协调制度,清除在廉洁教育工作推进过程中所遇到的障碍,破解效率低下的难题。

学校党委要发挥带头作用,以上率下、层层落实。"人不率则不从,身不先则不信"[①],越是位高权重的领导干部越应该主动接受廉洁教育、增强风险防范意识。高校廉洁教育面向的是全体师生员工,推动实施方式主要应先从领导干部这个关键少数开始,然后由领导干部向周围的党员扩展,然后再由党员向广大师生逐步延伸,因此在高校廉洁教育组织实施

---

① 出自《宋史·宋祁传》,意思是自身不能做出表率,就无法让别人听从;如果不能以身作则,就不会使别人信服。

过程中,领导干部是关键,他们在廉洁教育中的一言一行将间接影响全校的廉洁教育效果。领导干部要领先坚定理想信念,带头遵守政治规矩,率先树立廉洁意识,充分发挥榜样标杆作用。高校领导干部要在廉洁教育学习中要走前头,做表率,引领廉洁教育高起点地展开、高标准地推进、高质量地落实。以上率下,率先垂范就是要对领导干部高标准、严要求,高校领导干部要身先士卒,带头组织学习,讲理论、讲案例、谈体会,带头参加组织生活会,带头讲党课,带头接受廉洁教育,发挥带学促学的作用。以上率下,示范带动就是要切实落实廉洁教育的任务,结合实际精心组织实施,真正尽职尽责,抓到位、见实效。

学校党委对在廉洁教育过程中实施不力的部门要予以问责。制度的生命力在于贯彻执行,廉洁教育的本质属性决定了需要长期实施才能取得效果,这种周期长、见效慢的工作往往不容易被认同和接受,因此廉洁教育在实施过程中一般不会得到足够的重视,在实施过程中难免会出现敷衍了事的现象。要想解决这一问题,一是要加强工作人员的思想教育,提高其整体认识;二是要建立配套的问责机制,用实施相关问责制度来保证廉洁教育的规范、有序、高效运行。

(二)职能部门发挥协调作用

高校组织部、纪委、宣传部是党的重要职能部门,在党的工作中发挥着重要的作用,党的职能部门要积极配合党委落实廉洁教育任务,制定具体的实施计划或者方案,通过下发文件、召开联席会议、检查等方式,增强各部门之间的沟通和联系,督促各单位落实工作部署,实施教育计划,完成教育任务。同时还要积极开展调查研究工作,探索高校廉洁教育的新途径、新方法、新内容等,不断推进高校廉洁教育工作科学、有序、高效进行,充分发挥其组织协调作用。

高校职能部门首先要规范廉洁教育的内容和方法。在教育内容的设置上,要以理论联系实际为原则,根据高校党风廉政建设的需要、思想政治教育的需要,结合高校师生员工廉洁认识水平,选定和建立廉洁教育内容。例如通过调查研究,确立针对高校师生员工的具体教育内容;根据高校的特点量身定做高质量的廉洁教育培训教材,并且保证适合当前形势的需要。其次,应分层分类实施廉洁教育。高校廉洁教育对象具有多重性,既包括行政管理人员、高校教师,又包括大学生群体,他们所处的位置和环境不同,思想基础不同,廉洁认知程度不同,因此高校廉洁教育必须分层、分类予以实施,通过实施针对性强的教育内容,获得期望值高的教育效果。对于不同岗位、级别、类别的高风险人群,应重点实施党纪国法教育和岗位风险教育;对于一般师生,主要进行反腐倡廉形势教育和廉洁意识教育,促使他们具备一定的辨别能力,形成廉洁价值观,增强反腐的决心,自觉参与反腐斗争中。最后,应运用多样化、人性化的廉洁教育方式。生硬的理论灌输方式已经不适合时代发展需要,当前的高校廉洁教育要借鉴现代心理学研究方法,合情合理、循循善诱、启发思想、触动灵魂,使广大师生在潜移默化中形成崇尚廉洁、拒绝腐败的价值观念。因此,高校要善于发现教育素材,利用高校里的人和事以案说法,达到警醒的效果,引导他们构筑拒腐防变的思想道德防线。

(三)基层党支部发挥推动作用

党支部是高校基层党组织,是实施廉洁教育的基层责任主体,是高校廉洁教育的最终贯彻者,是推动高校廉洁教育的主要力量。要紧紧围绕党的思想建设工作,充分发挥党支部在基层的思想建设引领作用,积极开展廉洁教育工作,组织党员先进行学习,再由党支部和党员同时向群众扩散。党支部要丰富廉洁教育内容,科学运用各种有效的教育方式,拓宽教育途径,增加廉洁教育的辐射性,有计划、有步骤地教育党员、群众崇尚廉洁、抵制腐败,发挥党支部在廉洁教育当中的推动作用。

各党支部所在单位是廉洁教育的基本单元,由党支部承担对本单位人员的廉洁教育,各单位的廉洁教育首先从党员开始,然后再扩散到非党员群体,逐步进行,由党支部书记对本单位的廉洁教育负责。高校廉洁教育要充分拓展宣传渠道,扩大宣传的深度和广度。党支部在廉洁教育中要充分发挥战斗堡垒作用,要想方设法搭建高校廉洁教育宣传平台,通过网络、会议、微信等途径,向全体党员进行宣传和学习,通过三会一课深入开展党纪法规宣传活动,让广大党员熟知党纪法规的主要内容,明确行为边界底线,自觉把党纪法规作为自己的行为准则。在廉洁教育实施的过程中要注重实效,为了增强说服力,高校廉洁教育要结合近些年高校发生的有一定社会影响的典型案例,通过多种渠道和形式对师生进行宣传。通过宣传教育,让广大师生接受廉洁理念和廉洁思想的熏陶,培养他们遵守纪律、尊重法律的意识,引导师生严格执行制度、维护制度。当今反腐形势依然严峻复杂,党风廉政建设永远在路上,要充分发挥高校教育优势,整合教育资源,打造多层次、多维度、多途径的宣传教育体系。新媒体时代的到来为高校廉洁教育提供了新的传播工具,为廉洁教育的宣传和教育创造了发展空间,我们应不断地探索新的宣传教育途径以适应时代发展的需要。

二、评价体系的实施

教育评价是保障教育质量的重要手段,科学完善的评价机制能够指导大学生廉洁教育的持续改进和提高。因此,建立健全大学生廉洁教育评价指标体系,选择有效的评价方法,是高校廉洁教育工作的重要任务。

(一)科学制定评价目标和评价指标

在准确把握廉洁教育发展规律和学生成长规律的基础上,结合实际制定切实可行的廉洁教育发展规划,分阶段、多维度构建廉洁教育的各项目标。在阶段上,可以按照五年规划来制定总体目标,并分别设定年度分目标;在维度上,可以按照廉洁教育的投入维度、过程维度、影响维度、效果维度等来划分,每个维度又可以细分为二级指标。比如,投入维度可以细分为人力投入、物力投入、财力投入等指标;效果维度可以细分为学生的廉洁认知、廉洁情感、廉洁意志、廉洁行为等指标。在二级指标下,还可以制定具体的测量指标,如人力投入这个二级指标,其测量指标(观测点)可以包括廉洁教育师资数量及其在全校教师中所占的比例、与去年相比的增减幅度等;再如效果维度的二级指标廉洁认知,可以通过观测学生对廉洁理论知识的掌握程度、学生的廉洁教育课程成绩和学生对反腐倡廉的了解和见解等来判断。

(二)坚持以问题为导向强化跟踪评价

评价的根本目的是及时发现问题、及时纠偏和提高质量。因此,高校要坚持以问题为导向,强化廉洁教育的过程性评价,安排专业人员对廉洁教育进行跟踪监测,全面掌握廉洁教育的实施情况,及时发现偏离廉洁教育目标的问题,并准确分析问题产生的原因。在跟踪评价的方法上,可以通过与教师的深入交流,系统了解廉洁教育在实施过程中面临的困难和问题;也可以通过校园网络平台进行问卷调查,收集学生对廉洁教育的意见、建议等,力求多渠道、全方位地掌握廉洁教育存在的问题。

(三)及时反馈问题并落实解决方案

根据廉洁教育实施过程中出现的问题,深入分析问题产生的原因,特别是体制、机制方面的原因,要及时反馈给相关部门,共同提出解决方案,以便从根本上彻底解决问题。在这个过程中,要加强对问题解决的监督检查,确保解决方案落实到位,在不断完善廉洁教育规划中,推动实现既定的各项目标,从而有效促进廉洁教育高质量发展。

三、保障机制的实施

大学生廉洁教育是个系统工程,需要组织保障、财物保障、时间保障、空间保障、技术保障等方面的条件保障,才能确保落实立德树人的根本任务。

(一)组织保障是大学生廉洁教育的根本条件

高校党委要站在"铸魂育人"的高度,发挥思想政治教育的"司令部"作用,统筹推进大学生廉洁教育。第一,在思想上要高度重视大学生廉洁教育。转变过去只注重开展"运动式"的廉洁教育观念,把培育大学生廉洁观作为立德树人的重要内容,纳入"三全育人"体系。第二,要制定切实可行的大学生廉洁教育规划。结合新时代反腐倡廉要求和本校实际,制定中长期发展目标和具体实施方案,把大学生廉洁教育列入年度思想政治工作计划当中。第三,成立专门的大学生廉洁教育组织机构。依托马克思主义学院,成立大学生廉洁教育教研室,负责开展大学生廉洁教育通识课程教学和研究工作,并组织实施大学生廉洁教育评估工作。

(二)空间保障是大学生廉洁教育的重要条件

要实现全方位育人目标,就要不断拓展和升级教育空间。随着信息化时代的到来,新媒体、新技术在高校得到广泛运用,教育空间不再局限于课堂教学,而是从教室之内扩展到了教室之外,从实体空间延伸到了虚拟空间。具体到大学生廉洁教育,空间保障主要包括廉洁教育学习办公场所、校外廉洁教育基地建设、廉洁教育网络平台空间等。在廉洁教育学习办公场所方面,可以建立廉洁教育管理中心或研究中心,为师生学习和办公提供保障;在校外廉洁教育基地建设方面,可以主动和社会廉政教育基地、纪检监察机关、政法机关等部门合作,为大学生提供廉洁警示教育和实践活动保障;在廉洁教育网络平台空间方面,可以在学校网络思政平台、易班中心等虚拟空间开辟网络廉洁教育栏目或专题,最大限度吸引学生参与组织、策划和宣传推广;此外,还可以组织师生到兄弟院校进行考察学习,拓展交流空间。

(三)技术保障是大学生廉洁教育的必要条件

高等教育现代化离不开先进的技术作为保障,就大学生廉洁教育而言,做好技术保障主要有廉洁教育智库建设、廉洁教育数据中心建设、廉洁教育网络媒体建设等。通过廉洁教育智库建设,整合校内外廉洁教育师资,搭建开放性、共享型的服务平台,为高质量推进廉洁教育提供智力支持;通过廉洁教育数据中心建设,收集汇总相关数据信息,利用大数据技术分析、研判廉洁教育的问题和发展趋势,为廉洁教育提供精准的信息服务;通过廉洁教育网络媒体建设,提供优质高效的网络技术服务,确保廉洁教育的正常运行。

四、教师机制的实施

师资队伍是保障大学生廉洁教育高质量发展的关键,高校要以政治强、情怀深、思维新、视野广、自律严、人格正为基本要求,建设高素质的廉洁教育教师队伍。

(一)以师德师风建设为核心,着力打造强有力的廉洁教育教师队伍

从事廉洁教育的教师本身必须廉洁才能具有威信和说服力,这是保障大学生廉洁教育取得实效的根本。高校要以师德师风建设为核心,着力打造政治过硬的廉洁教育教师队伍,把师德师风建设与廉洁教育教师队伍建设进行有机结合。一是强化师德师风制度建设,将师德师风作为廉洁教育考评的重要内容,制定科学有效的师德考评指标体系,实行师德"一票否决制";二是完善师德师风监督机制,探索实行由纪委、组织、宣传、人事、教务等多部门参与的师德师风监督体系;三是拓展师德师风评价覆盖面,构建由教育主管部门、学校、教师、学生和社会共同参与的师德师风评估机制;四是突出师德师风建设的正向引领,选树廉洁教育优秀教师,宣传和分享廉洁教育成果,正向引领大学生廉洁教育的深入开展。

(二)以培养时代新人为导向,多措并举推进廉洁教育教师多元化

有理想、有本领、有担当是时代新人的基本内涵,要培养时代新人,就要建设多元化的廉洁教育教师队伍。

一是建设专业化的廉洁教育教师队伍。从目前看来,高校尚无专职的廉洁教育教师,更谈不上形成队伍,要建设专业化的廉洁教育教师队伍,可以从现有的"两课教师"和辅导员队伍进行专业化建设。这里的专业化并非专职化,而是通过改善培训培养的方式,形成专业化的廉洁教育教师队伍,使他们全面掌握廉洁教育的理论知识、教育规律和基本技能等,让他们专门担任廉洁教育的通识课程教学,实现更有针对性的大学生廉洁教育。

二是建设复合型的廉洁教育教师队伍。廉洁教育与思政课高度相关,与专业课也不无关系,因此,可以对思政课教师和专业课教师进行适当的廉洁教育教学技能培训,使他们在思政课和专业课的教学过程中,能够有机融入廉洁教育内容,并挖掘内含的廉洁教育元素,在"守好一段渠、种好责任田"的同时,实现各类课程与廉洁教育同向同行,形成协同效应。

例如教授法学课程的教师,不仅可以教给学生廉政建设的有关法律法规,还可以引导他们到基层宣讲反腐倡廉知识。

三是建设兼职型的廉洁教育教师队伍。高校可以聘请校内外的专家、学者和纪检监察机关、政法机关领导等组成兼职型廉洁教育教师队伍,让他们给学生做廉洁教育专题讲座,提高廉洁教育的权威性、感染力和影响力,合力培养堪当民族复兴大任的时代新人。

(三)以创新体制机制为抓手,推动廉洁教育教师队伍建设科学化

为推进大学生廉洁教育常态化,高校应通过体制机制创新,推动廉洁教育教师队伍建设的科学化、规范化。

一是构建整体协同的工作体系。①建立党委领导、党政共管、部门合作的领导机制,建立职责明晰、资源共享、有效融合的协调机制,确保廉洁教育教师队伍建设的高效推进;②强化制度保障,围绕政治素质、理论武装、师德师风等重要内容,建立包括入职、培训、管理、考核等完善的制度体系。

二是构建灵活高效的教育培训体系。①贴近教师需求,根据廉洁教育教师的实际需要,提供个性化、菜单式的教育服务;②拓展培训载体,利用新媒体新技术,为教师培训提供更多平台;③创新学习方式,将集中与自主学习、线上与线下学习、理论与实践学习进行有机结合,形成灵活高效的教育培训体系。

三是构建立体多元的激励体系。①营造"以师为本"的氛围,健全廉洁教育教师人文关怀、利益诉求、帮扶成长等机制,增强教师的幸福感;②定期组织开展优秀教师评选活动,并适当向廉洁教育教师倾斜,激励榜样发挥示范作用,增强教师的荣誉感;③优化政策激励,在薪酬待遇、职称评聘、职务晋升等方面对廉洁教育教师予以适当照顾。

第三章

大学生廉洁教育的发展及实践创新

第一节　大学生廉洁教育的创新发展

拓展反腐倡廉建设新途径和创新反腐倡廉建设形式,是高校反腐倡廉建设的有效载体,同时也是加强和改进大学生思想政治教育工作的一个重大课题。

一、创新大学生廉洁教育的方法

(一)教育者的教育方法

教育者廉洁教育方法是指以教育者为主体,积极、有针对性地对受教育者进行廉洁教育的方法。该方法具有很强的可控性和直接性。

1.说服推理教育法

说服推理教育法是指允许学生接受或改变某些概念、信仰和道德标准,并通过陈述事实、推理和启发性指导来引导他们的行为实践的教育方法。说服教育方法是我国高校思想政治教育的基本方法,是党思想政治教育工作的基本方针,是最常见、最有效的灌输教育方法,是大学生廉洁教育的重要手段。说服教育法主要通过报告、解释、对话、讨论等形式教育学生,具有针对性、感染力、真实性、民主性、互动性等特点。说服教育法具有直接内容的优势,即它可以通过语言、文本、音乐、视频和其他媒体直接告知受教育者教育内容。使用这种方法时,教育工作者占据着绝对积极的位置,可以出于个人原因及时调整教育内容,以达到目标效果,但应注意克服单向沟通的倾向,以防教育的逆转,影响教育效果。

2. 全员全程教育法

全员全程教育法是指高等教育部门、大学、社会、企业、社区、家庭等单位注重青年学生的廉洁价值观、廉洁素质和廉洁行为发展,积极配合和参与廉洁教育活动的全过程,形成良好的廉洁社会环境的一种廉洁教育方法。从高校的角度来看,全日制教育主要是指从低年级到高年级,甚至到研究生阶段的教学和教育、管理和服务教育的全过程。就学校而言,综合教育方法的使用旨在创造一个干净的校园舆论氛围,发挥环境和舆论氛围的微妙影响,同时努力克服可能存在的问题,如综合教育环境的形成过程复杂、参与者众多和意识形态水平参差不齐。高校各职能部门和人员应树立教育意识,对本岗位的素质教育做出应有的贡献,并承担应有的责任。

3. 知行合一教育法

知行合一教育法是引导受教育者将廉洁教育的基本概念和原则转化为自己的思想和信念,引导自己的行为,从而达成知行合一的方法。知识与实践的统一是大学生廉洁教育的最终目标,也是检验大学生廉洁教育效果的根本标志。知识与研究实践相结合的方法便于调查和评估大学生廉洁教育的现状和效果,具有良好的示范作用。使用这种方法时,应注意及时向学生反馈调查和评估信息,以促使他们自觉提高反腐意识水平,实现知识与实践的统一。

4. 榜样示范教育法

榜样示范教育法是教育者用他人的高尚思想、示范行为和杰出成就来影响学生,并促使他们形成良好道德品质的一种方式。示范法是从侧面影响大学生的一种方式。通过挖掘和建立廉洁的模型,学生可以感受高级人物的高尚品格和模范行为,使抽象而乏味的推理生动、典型,使廉洁教育更能为学生所接受,并增强说服力。大学生正处于喜欢展示自己的一个年龄段,容易受他人影响,并且会追随他人。示范法可以很好地利用他们在这一时期的心理特点,树立廉洁和正直的榜样,并在校园里营造良好氛围。在使用示范法时,应注意选择一个真正有代表性和令人信服的模式,而不是做出牵强的选择,否则模式的作用将会丧失。

(二)受教育者的教育方法

1.实践修炼法

实践修炼方法是指大学生有目的、有计划地参与各种实践活动,培养自身的思想道德素质和行为习惯的廉洁教育方法。在实施廉洁教育的过程中,教育者应积极开展大学生社会实践活动,拓宽大学生廉洁教育的途径。

(1)进行青年志愿者服务等实践活动

积极组织学生深入企业、社区村、政府监管机构等部门,开展社会廉洁调查,参与反腐倡廉教育宣传,与老干部、老红军战士等先进人物交谈,参观革命纪念场所(博物馆)和警示教育基地等,引导大学生感受廉洁文化,在实践中树立正确的价值观,从而促进他们健全人格和良好行为习惯的养成。

(2)积极开展第二课堂教育活动

让大学生在活动中接受廉洁教育,例如,以学生会活动为平台,积极开展演讲比赛、辩论比赛、戏剧表演、图片展览、短视频展览等,学生们在轻松愉快的氛围里开展以弘扬廉洁文化为主题的阅读思考活动,提炼和学习相关的名言和典型事例。这样能够增强廉洁教育的吸引力,在校园里营造浓厚的廉洁文化氛围。

2.自我成长法

自我成长法是指在教育者的启发和引导下,受教育者独立规划自己的成长道路,提出自我成长目标,有意识地采取措施实现思想转变和行为控制,逐步形成良好的廉洁意识的大学生廉洁教育方法。自我成长方法的本质是自我培养、自我教育和自我提高。基于已经形成的廉洁价值观,受教育者已经独立完成了设定目标、自我实践和自我评价的过程。自我成长的方法可以采取自我学习、自我座右铭、自我批评和自我约束的形式。受教育者在使用自我成长方法时,应该注意自身在班级、宿舍中的角色。例如学长(学姐)、学生会和协会,它们与受教育者密切相关,对受教育者有很大影响。教育者应该注意培养受教育者的自我修养和兴趣意识,激发他们对自我修养的热情;此外,有必要对受教育者给予及时和有针对性的指导,帮助他们掌握自我成长的方式和方法,使他们成为受教育者的正常生活习惯。

(三)组织部门的有效教育方法

1. 条件保障法

条件保障法是通过大学、教育组织和其他组织的调查和倡议,增加政府对大学生廉洁教育的投资,并从基础设施上确保大学生廉洁教育顺利实施的一种方法。大学生廉洁教育是一项长期的系统工程,它的教育效果显然也是长期的、隐蔽的。换句话说,廉洁教育对大学生的影响只有在他们接受教育后才能显现出来。它尚未纳入学科体系和教学计划,直接影响着大学生廉洁教育的软硬件实施和建设。高等教育部门和高校应积极开展相关调查,为大学生廉洁教育的发展创造条件,创新大学生廉洁教育的具体实施措施,以促进大学生廉洁教育投入的增加,确保大学生廉洁教育的有效性。

2. 政策引导法

政策引导法是指制定和实施一系列大学生廉洁教育政策,引导和促进各级教育机构和社会组织重视大学生廉洁教育,采取措施提高大学生廉洁教育效果的方法。政策引导法是我国思想政治教育的重要方法之一,在实践中取得了良好的效果。《教育部关于在大中小学全面开展廉洁教育的意见》等中央文件中,关于大学生廉洁教育的实施方法,是全国教育系统都要贯彻执行的重要指导思想,体现了党中央的政策指向。对高校而言,要将"指挥棒"有效指向大学生廉洁教育。具体来说,可在评定"三好学生""优秀学生干部""国家奖学金"、入党等评奖评优和选拔优秀的政策中加大"廉洁品质"的权重,通过设定具体的标准和条件来引导和激励学生的廉洁行为,从而使学生按照政策引导的方向发展。

政策引导法具有强制性、刚性和灵活性。各实施主体可以根据实际情况设计自己的实现方法,同样具有权威性。

3.过程评价法

过程评价法是根据大学生廉洁教育规律,通过评价机制促进大学生廉洁教育可持续发展的一种方法。过程评价方法的实施主体可以是政府、大学或其他研究机构或部门。该方法根据国家对大学生廉洁教育的要求和高校的特点,充分考虑大学生的生理和心理特点,建立切实可行的大学生廉洁教育评价指标体系,对大学生廉洁教育进行分解和提炼,形成多角度的观察点,综合评价大学生廉洁教育的实施过程,能有效促进大学生廉洁教育。

使用过程评价法时要注意:

第一,评价指标体系的建立应符合高校的实际,具有可操作性。

第二,评价维度和指标的设置应反复论证,这是高度科学、合理和有针对性的。

第三,评估结果应得到国家高等教育部门的支持,以便与高校的发展、建设和投资紧密联系,避免形式主义。

二、创新大学生廉洁教育的载体

(一)强化信息化建设

媒体的功能是发挥舆论的导向作用。新型媒介如微博、微信、抖音等的出现,打破了信息的"时间壁垒",可以将信息尽快传播给最广泛的人群。因此,作为"第四媒体"的新媒体必须为公众创造良好的社会氛围和舆论环境,为人们树立正确的价值观提供更好的外部环境。

加强大学生廉洁教育,应充分发挥现代信息技术的优势,促进廉洁教育进入大学生的头脑。我们应抓住网络平台,积极开拓创新,扩展大学生的接触空间,让大学生更愿意接受廉洁教育,达到预期的教育效果。例如,可以在校园网站上设立一个关于"打击腐败和促进廉洁"的特别网页和一个关于"廉洁文化进入校园"的特别专栏。此外,可以将大学生喜欢听的、有吸引力的廉洁故事制作成短片并上传网络平台供学生分享和传播。同时,要注意刺激学生对信息技术的热情,引导学生自觉摒弃网络中与廉洁相悖的信息,开展廉洁知识竞赛等活动,这些活动对刚刚形成价值观的青年团体能够产生积极影响,有利于帮助他们培养廉洁品质、树立正确的人生观和价值观。

在现代信息技术环境中,人们往往无法利用现有知识判断各种信息源的准确性和真实性,甚至通过各种平台收集的信息有时也会自相矛盾。在这种情况下,有必要不断改进现代信息技术,特别是官方主流现代信息技术,让人们在不断改进自己社会价值观的同时,享受现代信息技术带来的大量信息,真正感受祖国的繁荣,增强爱国热情和民族自豪感,逐步树立争取民族荣耀和艰苦奋斗的社会主义核心价值观。

(二)丰富校园文化载体

文化对人类的影响是深远的。校园文化是学校发展进步的灵魂。将廉政文化融入校园文化建设,引导大学生健康成长,真正成为社会主义建设的支柱,德才兼备,是高校培养和教育人才的根本任务。

校园文化活动是大学生提高综合素质的重要途径。我们应依托校园文化和网络阵地,将大学生廉洁教育融入校园文化建设,通过多种形式和载体培养大学生的情感。通过各种活动,营造浓厚的校园廉洁文化氛围,增强大学生的廉洁意识。

(三)建立健全廉洁教育机制

良好的道德不是来自知识,而是来自行动。为了确保廉洁教育项目总体目标的实现,高校有必要不断建立和完善廉洁教育机制,使廉洁教育成为高校思想政治教育理论体系的重要组成部分。高校应该把廉洁教育纳入基础课程的教学计划,确定明确的教学步骤,有计划地进行教学,达到事半功倍的效果。同时,根据大学生的特殊性,充分发挥学校在廉洁教育中的主导地位,结合家庭教育、社区教育等,调动积极因素,不断完善廉洁教育机制,形成高效的廉洁教育体系网络。

(四)深化"知行合一"教育

在社会实践中践行廉洁理念是大学生了解社会、了解国情、为社会做出贡献、锻炼能力、培养个性、增强社会使命感的重要途径。高校应把廉洁教育与社会实践紧密结合起来,在社会实践中践行廉洁理念,发挥社会实践作为重要载体和媒介的作用。一方面,我们应该不断深入地组织学生开展社会实践,引导学生深入社会,了解社会,为社会服务;培养大学生的法律意识、守法观念和职业道德,积极组织大学生参加生产劳动、社会调查、公益活动、志愿服务和勤工俭学等社会实践活动,使大学生接受社会实践教育,增强社会责任感和使命感。另一方面,我们应该充分利用在实践过程中开展廉洁教育的机会,纠正学生在认知过程中的个人认知偏差,弥补学校教育的不足,正确处理社会因素的影响,树立大学生廉洁观,确保廉洁教育目标的有效实现。

(五)发挥课堂教学主渠道作用

目前,我国高校反腐倡廉教育大多以特殊教育活动和社会实践活动的形式开展,没有完善的教学体系进行深入的课堂教育。课堂教学作为教学的主要形式,具有规模效应、统一要求、系统清晰的特点。它反映了社会对这一目标的强烈意愿及其在方法论上明显的科学特征。加强大学生廉洁教育,必须充分发挥课堂教学的重要作用,将思想政治理论课作为教学的主渠道,将廉洁教育融入大学生职业道德教育和专业知识技能培训,渗透学生的思想中。对大学生进行廉洁和防腐教育,有助于促使大学生树立正确的世界观、人生观和价值观,让学生自觉意识到自己未来职业的社会价值,感受到自己肩负的社会责任和使命,成为社会主义事业的合格建设者和接班人。因此,这些课程应该作为培养学生廉洁和自律的起点,应该与当前高等教育的相关内容紧密结合。廉洁信用目标的实现和教学内容的改进应该整合在同一轨道上。廉洁教育应纳入教学计划,并在教时和学时方面得到充分保障,引导学生摒弃享乐主义、盲目攀比、官僚主义等错误观念,进一步增强学生的廉洁意识。高校思想政治教育也需要将廉洁教育纳入大学生职业生涯规划教育,引导他们树立正确的职业价值观。根据学生专业特点,对学生进行有针对性的职业理想、职业道德和职业纪律教育,如教育会计专业学生"不做假账",教育新闻专业学生"不写虚假新闻",从而使廉洁教育更有针对性。总之,廉洁教育应贴近学生的实际生活,使廉洁教育的目标更加明确、具体、生动,从而提高廉洁教育的有效性。

三、创新大学生廉洁教育的教育阵地

(一)将高校教育教学与实践作为主阵地

1.建设廉洁教育课程体系

课程体系设计是提高大学生廉洁教育实施水平的第一步,也是反腐倡廉理论研究的基础。因此,我国大学生廉洁教育需要设计一套科学、可行、可操作、适应性强、系统的大学生廉洁教育课程体系。课程体系的内容不仅要考虑大学生的身心特点,还要涵盖中国和世界上典型的反腐败理论和策略,让学生既有理智又有理性地学习知识;课程实施模式应包括课堂教学和课下实践,教学和实践的比例和时间应该根据学生的认知规律科学合理地设定。

目前,部分高校已经初步设计并建立了廉洁教育课程体系,为大学生编写了廉洁教育教材,并取得了一定的成效,为进一步完善和探索大学生廉洁教育课程体系提供了参考。许多地区和大学也非常重视廉洁教育教科书的编写,并相继出版了一批优秀的教科书。这些书是廉洁教育课程体系建设的重要支撑。在课程体系建设过程中,应根据高校的实际和廉洁教育的原始基础,注重逐步推进廉洁教育,将廉洁教育渗透高校思想政治教育理论课中,逐步开设廉洁教育课程和实践课程。

对于大多数还没有独立的廉洁教育课程和课程体系的高校,应充分发挥"两课"的主渠道,将大学生廉洁教育与高校思想政治教育课堂教学紧密结合,让学生在学习知识和提高认识的过程中接受廉洁教育。

2.增加大学生廉洁社团以及活动的数量

大学生廉洁社团和协会是大学生开展课外自我廉洁教育的重要载

体。中国第一个大学生廉洁协会于 2010 年 3 月 19 日在北京大学成立。2013 年 12 月 9 日"第十届国际反腐败日"期间,为了弘扬廉洁文化,普及廉洁知识,充分发挥廉洁协会在大学生廉洁教育中的作用,国家廉洁政府研究与教育学院和全国大学生廉洁协会网络成功组织了一系列针对大学生的全国廉洁教育活动,包括廉洁知识竞赛、廉洁知识讲座、廉洁论文竞赛、廉洁誓言活动、廉洁知识宣传活动等。目前,中国大学生廉洁协会的建设和发展取得了良好的成效,但在数量和覆盖面上仍存在较大的不足。

3. 开展廉洁主题的教育及实践

开展丰富多彩的廉洁教育和实践活动是大学生廉洁教育的有效形式。在实践中应以各种健康、丰富多彩的科学文化活动为载体,开展主题鲜明、深受大学生欢迎的活动,使外部教育和引导逐步转化为大学生的真实需求,培养大学生良好的廉洁素质,进而使之践行廉洁精神。

(1)开展时效性强的主题教育

廉洁教育活动应在一定时间内结合热点问题及时开展。腐败有着复杂的经济、社会、历史文化背景,在不同时期、不同阶段会有不同特点,腐败问题长期积累,解决起来也非一日之功。如果不打破错误的价值取向,坚定廉洁思想,反腐败斗争就很难取得实际成果。因此,开展时效性强的廉洁主题教育成为打破错误价值取向、传播新的文明和时尚最实用、最有效的方法和手段,具有很强的时效性和显著的效果。

(2)在日常的学习生活中推进廉洁教育实践

除了将大学生廉洁教育纳入教学计划之外,我们还应该抓住与学生自身利益相关的有利机会,如入党、奖励和评价优秀学生、选举学生干部等,开展教育。

4. 建立高校廉政研究中心或廉洁教育基地

在大学生廉政协会建设实践中,党委、纪委、团委等组织部门应充分发挥大学生廉政协会的"自我教育"力量,进一步配合廉政教育课堂教学,不断提高大学生廉政教育效果。除了给大学生廉洁协会一些财政支持之外,他们还应该给予更多相应的指导。

（1）建立廉政研究中心

每所大学应根据其在学科、专业、教师和学生群体方面的独特研究优势，建立一个目标明确、学科整合的廉政研究中心。《联合国反腐败公约》规定了全面和多学科的廉洁研究，这也应该是廉洁研究中心的重要指导思想。研究中心可以隶属于管理学院或人文学院，也可以直接隶属于大学党委或纪委。作为跨学科、跨院系的学科创新研究基地和学科监督专业培训基地，该研究中心应该为大学生实施廉洁教育和建立廉洁协会提供理论和实践指导。作为一个研究机构，研究中心可以整合政治、管理、法律、经济等所有学科的研究力量，参与大学生廉洁教育的学科和课程规划，并作为纪检监察机关的"智囊团"参与学校的廉洁政府建设。

（2）建立廉洁教育基地

根据学科和专业的特点，高校可以联系地方政府机构、公安部门、医疗机构、公益组织等建立反腐教育基地。例如，拥有法学院或法律专业的大学可以与当地公安和法律部门合作，建立"大学生廉洁法律教育基地"，学生能够参与大规模的腐败审判和判决，使学生在熟悉专业知识的同时接受廉洁和警觉的教育，树立正确的工作理念。此外，学院和大学也可以联系周围的社区、养老院、小学等组织公益志愿者活动。通过"送温暖"和"支教"等公益志愿者活动，高校可以实施廉洁教育，培养社会道德，让大学生在实践活动中实现自己的社会价值观，增强责任感和使命感。

（二）加大社会宣传力度

良好的环境可以塑造优秀的灵魂。在社会教育中，应该在整个社会创造一个遵守法律、反对特权、提倡廉洁和惩治腐败的环境。学校教育应该了解社区廉洁政府文化和在社会上开展的企业廉洁政府文化。学校教育应该根据社会条件适当扩大，学校的社会实践活动应该加强，让大学生更多地了解社会现实，引导大学生在社会活动和家庭生活中严格要求自己，加强大学生的社会责任，打击腐败，在广泛了解社会的基础上倡导廉洁。

1.注重宣传我党反腐败工作的政策

反腐败工作政策有利于营造良好的社会环境和舆论氛围,为大学生廉洁观念的形成和大学生廉洁教育效果的加强提供保障。党的二十大报告强调的"坚持不敢腐、不能腐、不想腐一体推进",为新时代新征程的反腐败斗争奠定了基调。不敢腐、不能腐、不想腐,各有侧重,相辅相成。不敢腐,重在增加腐败成本,主要手段是后果威慑与严厉惩罚。不能腐,重在减少腐败机会,主要手段是制度规范与监督制约。不想腐,重在消除腐败动机,主要手段是教育引导与文化熏陶。一体推进不敢腐、不能腐、不想腐,要三者同时发力、同向发力、综合发力,把不敢腐的强大震慑效能、不能腐的刚性制度约束、不想腐的思想教育优势融于一体,用"全周期管理"方式,推动各项措施在政策取向上相互配合、在实施过程中相互促进、在工作成效上相得益彰。

在中共中央办公厅发布和实施《关于加强新时代廉洁文化建设的意见》后,党的二十大报告又把廉洁文化建设纳入党风廉政建设和反腐败工作布局进行谋划,更加注重牢固确立正确的理想信念对一体推进"三不腐"的引领作用,要求"三不腐"协调联动发挥思想政治工作的生命线作用。必须加强党性教育、政德教育,深入挖掘中国特色社会主义文化中的廉洁因素与教育资源,通过开展"不忘初心、牢记使命"主题教育、党史学习教育等主题教育活动,将新时代共产党人的价值观和先进理论内化为党员干部的政治信仰和思想自觉;必须加强警示教育,用好贪污腐败分子等严重违法违纪的典型案例,引导党员干部立足本职工作对照自查自纠,从而增强自律意识,提升拒腐防变能力;在领导干部"关键少数"中必须加强家风教育,将弘扬优秀传统家风与党风廉政建设有机结合,督促领导干部在家风建设上作表率,发挥家庭助廉促廉保廉作用。在市场领域和全社会倡导廉洁理念,引导企业自觉参与廉洁市场建设,引导公民自觉参与清廉社会建设。建设新时代廉洁文化的有效载体,可以保障全面从严治党纵深推进的思想基础和文化土壤,从源头上防止腐败问题的发生、从根本上消除贪腐之欲,实现"不敢""不能"的升华,真正把"一体推进"落到实处。

在我国大学生廉洁教育的实践中,我们要重点宣传中国特色反腐思想和实践的发展历程、党的反腐政策、政策和法律制度,以及党反腐工作的最新进展等,为大学生廉洁教育提供强有力的社会支持。

2. 动员大学生参与反腐败的工作

近年来,一些地方在制定公共政策时开始征求公众意见,以便通过吸收公众意见来提高政策制定的质量和政策本身的合法性。在制定廉洁政府政策时,还应该进行改革和创新,让公众、非政府组织、大学生、教师、企业和机构以及其他不同的主体参与进来。大学生对腐败有自己独特的看法,尤其是对权力腐败、学术腐败和其他在高校中出现的现象有自己的见解。此外,大学生的法律意识和思想素质远远高于普通大众。由于较少的行政限制,他们也更容易充分和直接地表达自己的想法。

因此,动员和吸收大学生代表参与制定廉洁政府政策,可以有效提高政策的合理性。此外,大学生也可以在网上或现实中被雇用为"廉洁政府检查员"。调动大学生参与反腐倡廉工作的积极性,参与反腐倡廉工作,不仅可以提高大学生廉洁教育的效果,而且可以加大社会反腐力度。政府和非政府组织应该为大学生参与反腐工作提供一个社会平台,及时处理大学生的反馈信息,并考虑采纳大学生对廉政建设的监督意见。

通过上述活动,有助于培养大学生作为"主人翁"的责任感和使命感,从而鼓励和促进他们有意识地树立廉洁观念,践行廉洁行为,将大学生培养成为反腐败斗争的主体之一。在实践行动中,应该增加大学生廉洁教育社会实践活动的机会和空间,一方面,政府机构、企业和机构可以根据自己的特点与大学建立廉洁教育基地;另一方面,在各种廉洁教育实践活动中,应注意结合学生的现状,政府或公务员在企事业单位的实践模式不能直接应用。

(三)营造廉洁家庭环境并与高校密切配合

家庭教育贯穿人的一生,是学校教育的基础和延伸。在家庭教育中,家长(尤其是父母)的言行举止对子女成长和发展具有深刻的影响。父母是孩子的第一任老师,是孩子终身学习的榜样,也是创造和谐家庭环境的主体。在家庭教育中,创造家庭环境的水平取决于家庭的经济地位、社会地位、文化背景、思想素质、知识水平以及父母和其他家庭成员的教育水平。由于亲属之间"血浓于水"的血缘关系和长期共存的情感基础,家庭在影响人们道德品质方面具有其他环境无法比拟的优势。因此,家庭的教育功能应该是学校教育和社会教育的有力延伸和补充,三者应该形成合力。

1. 重视家庭教育中父母的言传身教

首先,父母应该充分发挥优秀榜样的力量,注意提高他们的道德素质,并在日常生活中培养良好的廉洁习惯。此外,在父母的教育中,"行为"比"言行"更重要。当今的大学生拥有更好的成长环境和家庭条件、更独立的思想和更鲜明的个性。如果不能以身作则,大学生将无法真正认同父母的"说教"观点。父母应该用他们自己的行为来教他们的孩子做什么和不做什么,从而培养他们独立辨别美丑的能力。父母不管从事什么职业,都必须按照规定行事,并从小就引导他们的孩子树立高尚的道德和廉洁的观点。

其次,父母可以有意识地为孩子创造一个干净整洁的家庭环境,从而达到用干净的环境感染孩子,实施隐性廉洁教育的效果。例如,父母可以为孩子讲述"清官"和"贪官"的故事,强调"贪官"的悲惨命运;将与廉洁相关的书籍、报纸、杂志和视频材料放在家中。

最后,父母还应该培养孩子独立生活的能力,教给他们基本的经济知识,鼓励和引导他们参与社会实践,并提供适当的帮助。在独立的财务管理和社会实践过程中,应该强调培养他们勤劳节俭的观念和习惯,让他们明白舒适的生活并不容易,避免过度溺爱孩子,以致影响他们未来的生活发展。

2. 加强家庭与高校之间的沟通配合

家长应该及时关注孩子思想、学校的发展趋势,并且与学校保持定期的沟通,而学校也应该呼吁家长重视大学生的廉洁教育,并且能够及时向学校反馈孩子在家里的表现。学校与家长可以通过微信或者 QQ 等方式建立双向互动的联系。

一方面,学校应告知家长学校教育的目标、方向、内容和学生的表现,以便家长能为高校提供好的建议和意见,共同实现培养优秀学生的目标。

另一方面,家长应及时向学校反馈通过与子女交流获得的大学生思想状况和趋势,为学校不断修订和调整大学生廉洁教育的教育教学计划提供依据。这样,就可以实现家庭教育和学校教育之间的有效联系,形成廉洁教育的合力。

(四)重视大学生主体的自我教育

作为高校廉洁教育的受教育者,大学生需要积极发挥自我教育和自我完善的作用,改变传统"教师讲、学生听,教师写、学生抄,教师问、学生答"的教学模式中简单的"客体"状态,与教育主体形成有效互动,进一步增强大学生廉洁教育的针对性和有效性。根据大学生廉洁教育的目标和要求,大学生可以积极调动主观能动性,运用科学有效的自主学习方法,探索、整合和利用有效的自我教育资源,开展自我分析、自我意识、自我规划、自我组织、自我监督和自我评价等一系列自我学习、自我管理和自我教育过程。大学生自我廉洁教育可以通过以下形式进行。

1.发挥大学生廉洁社团的作用

同伴廉洁教育的力量不容忽视。大学生廉洁协会是一个自我发起、自我组织、自我发展的学生团体,旨在充分发挥和展示他们的能力和思想。通过社区将个人自我教育和群体自我教育结合起来,很容易达到点对点的廉洁教育效果。同时,大学生廉洁协会可以充分发挥大学生的自主性,在社会成员共同规划、组织和完成社会活动的同时,完成大学生廉洁教育的过程,并取得非常明显的教育效果。

2.延伸大学生廉洁教育的空间

当代大学生已经成为网民的中坚力量,互联网已经成为大学生现实生活中不可或缺的工具和媒介。因此,大学生廉洁教育团队应该有效利用网络作为载体,加强与大学生的在线交流和互动,也可以利用网络平台激发大学生自我教育的积极性和主动性,比如聘请大学生在纪委网站上设计廉洁教育网站,吸引大学生参与大学生廉洁教育课件的开发和设计。这样,不仅有助于占据大学生廉洁教育的网络阵地,而且可以极大地激发大学生自我廉洁教育的热情,增强教育的吸引力和有效性。

第二节　大学生廉洁教育的实践创新

对于大学生廉洁教育体系的构建以及大学生廉洁教育的发展来说,大学生廉洁教育实践是其中重要的内容和组成部分,因此必须实现大学廉洁教育的实践创新。对于大学生廉洁教育的实践来说,一是应组织开展形式多样的社会实践活动,二是应利用社团推动大学生廉洁教育的开展,三是应充分利用各种社会力量开展大学生廉洁教育,四是应加强思政工作,推动大学生廉洁教育开展。

一、利用实践活动推动大学生廉洁教育

(一)开展廉洁教育主题实践活动

开展主题讨论、主题宣讲等实践教育活动,根据授课教师的时间安排和听课学生的实际情况,选择以下活动之一,开展相关主题教育。

1.组织主题讨论实践活动

为深入学习贯彻党的二十大精神,进一步推动社会主义核心价值体系对大学生世界观、人生观和价值观的引领,可以以"当代大学生核心价值观"为主题,以提高全体学生理想信念、精神追求、价值认同为目标,在学生中开展当代大学生核心价值观大讨论活动。组织学生召开群体座谈会,了解学生的核心价值观。通过标准化提纲的座谈会,掌握他们对社会主义核心价值体系的认知、认同情况和践行的自觉程度。

2.组织课堂教育实践活动

2022年中共中央办公厅印发《关于加强新时代廉政文化建设的意见》,明确要求要"推动廉政文化进学校""扎实推进廉洁教育进教材、进课堂、进学生头脑",《教育部关于在大中小学全面开展廉洁教育的意见》也

明确了大学阶段开展廉洁教育的目标和内容。

各高校可以结合自身实际,开设廉洁教育选修课,推动廉洁教育进课堂。将廉洁文化建设纳入学校文化建设的总体规划,有利于充分运用党风廉政相关宣传教育平台,推进校园廉洁文化建设。

高校是培养人才、传承文明、建设先进文化的重要基地,担负着培养社会主义合格建设者和可靠接班人的重任。廉洁教育是大学生思想政治教育的重要组成部分,必须同大学生思想政治教育工作有机结合。在开展廉洁教育进课堂的实践中,应充分发挥思想政治理论课堂的主渠道作用。

(1)以思想政治课为途径

将以社会主义核心价值体系为根本的廉洁教育融入课堂教学,寓廉洁教育于思想教育中,尝试在思想政治课程中,结合二十大精神的贯彻和学习,扩展课堂讲授内容,增加"中国梦"主题,搜集视频教育片,帮助学生理解中国梦的奋斗愿景,进一步加深对中国特色社会主义理论体系的理解,教育学生要坚定理想信念、练就过硬本领、勇于创新创造、矢志艰苦奋斗、锤炼高尚品格。

(2)采用嵌入式教学

①为了保证廉洁教育进课堂的实效性,必须结合学生实际,按照学生成长规律和不同年级学生特点开展不同主题的廉洁教育。一年级主要侧重进行学习目的观教育、理想信念教育,建议在每学年的新生教育中开展院史院情和学科专业前景教育,帮助学生们明确学习目标,树立成才信念;二年级以人文素养与公民教育为主题开展廉洁教育,可以开设"公关礼仪""礼仪与修养"等课程,对学生们开展公民道德教育;三年级以专业实践与全面发展教育为主题开展廉洁教育,学生们结合所学专业技能,积极参加各项廉洁文化建设活动,如新闻相关专业学生拍摄廉政微电影,历史相关专业学生结合史实创作廉政微小说,法律相关专业学生深入农村开展法制宣传系列宣讲活动;四年级以职业素养和职业道德为主题开展廉洁教育,在针对毕业生的"职业生涯规划"课程中,为学生讲授恪守职业

操守的重要性,进一步加强对学生诚信教育;研究生以学术道德和学术规范教育为主题开展廉洁教育。

②教师可以在各项学科专业教学中,将专业知识传授、技能培训与道德教育、廉洁教育结合起来,适时在"廉洁主题教学""嵌入式教学""案例教学"等教学实践中主动引导学生自觉地了解现实、社会、方针、政策,培养积极、健康、向上的理想信念、道德观念、法治意识和社会责任,结合学生实际,以关键教育环节为抓手,推进廉洁教育融入学生培育全过程。

③例如,尝试将廉洁教育融入学科专业教学中,聘请法院、检察院系统专业人员开展学术讲座,内容主要围绕教育学生要树立正确的执法理念,强化人权意识、程序意识、证据意识、时效意识和监督意识,还可以利用与专业相切合的案例嵌入式教学,将反腐败工作中的重要性予以充分阐述,达到廉洁教育的目的。在教学中,勉励学生在学校坚持专业学习的同时,一定要坚持自我廉洁教育,在学校做遵章守纪的好学生、走入社会做遵纪守法的好公民,方能肩负依法治国的历史重任。

(3)举办专题讲座

学校的党校初级培训班和高级培训班也可以将廉洁教育作为师生参加党校培训的必修内容,如开展专题报告会和主题演讲交流活动,在对学生开展理想信念教育过程中,使得廉洁教育真正为学生们所喜闻乐见、深入人心。在学生培育全过程中,尤其重点关注关键时点,如开学和毕业两项典礼、学生借款、期末考试、预备党员转正、社会实践毕业论文撰写、就业实习等,适时开展廉洁诚信教育。

(4)组建相关协会组织

由学生自发建立廉洁自律志愿协会,吸引热心关注廉洁教育,并愿意为廉洁教育的推广、传播做贡献的研究生和本科生参加。

学生以班级为单位,自编、自导、自演以廉洁教育为主题的节目,可以是赞扬优秀共产党员拒腐蚀、永不沾的高尚品格,也可以是鞭挞社会上的腐败分子贪污受贿的丑恶现象,通过小品、短剧表达出学生对真善美的渴求和对腐败现象的厌恶之情。

(二)深入开展相关社会实践活动

为了加强自我管理与服务,调动学生的积极性,增强学生的责任感,可以发动同学积极与学生会、学生党团支部等部门联系,每个年级建立一个"促进会",由某一老师作为会长或是辅导员,每班下设分部,由各班班委担任组长进行督查。

"促进会"主要负责向同学们讲解一些大学生廉洁教育的知识,教育大家从自己做起、从小事做起,比如考试诚信、勤俭节约等。为了更好地督促学生,"促进会"要以督查学习为主,督查生活作风为辅,小到询问同学平时生活中是否经常会有不讲诚信的行为,大到监督考试,评定奖助学金,保研推研,评定考试成绩,班级、学生会、社团等干部选举,学术论文投稿,参与科研项目等是否有腐败、不讲诚信的行为。

二、利用社团文化推动大学生廉洁教育

(一)利用社团文化推动大学生廉洁教育

根据学校实际,建立以"促进高校廉政文化建设,加强当代大学生廉政意识,提升大学生廉政知识水平,构建和谐校园"为宗旨的校园廉洁社团,主要开展廉洁教育学习活动、廉政教育实践活动、廉政学术考察交流活动等,同时配合校党委、纪委及省、市廉政研究基地开展各类相关主题活动。社团可以聘请各级廉政基地的著名学者为学术顾问,随时对社团的工作情况和社员的学习状况进行监督指导。社团通过提高社员廉政教育知识水平与学术素养带动全校廉政学习氛围,营造以廉为荣、以贪为耻的社会风气,为学校廉政教育贡献力量。

建立校园廉洁社团具有现实意义。第一,开展丰富多彩的校园文化活动。社团可以根据自身工作需要,组织开展大学生廉洁夏令营、校园廉洁大使评选、大学生廉洁教育活动月、廉洁主题书画摄影大赛、廉洁征文大赛、廉洁知识竞赛、廉洁主题辩论赛、主题讲座等系列活动,使廉洁教育工作在校园范围的影响力不断增强。第二,不断提升理论研究水平。社团要积极参与课题研究,向学术型社团发展。骨干成员可以参与相关廉

洁报告的撰写,参与大学生思想政治教育特色项目的立项工作。第三,积极参与网络思政平台建设。通过在微博微信等网络新媒体平台上发布校园廉洁相关新闻、视频、图片等,使在校大学生潜移默化地接受廉洁教育。

(二)大学生廉洁教育社团活动的主要形式

1. 举办廉洁文化主题活动

校园廉洁教育社团可以举办廉洁文化主题活动。例如,举办以"廉洁文化进校园"为主题的宣传品创作比赛。比赛运用中国传统书画、广告招标等形式,多角度、多侧面反映学校在校园廉洁文化建设方面的新思路、新实践、新探索。教师可以做"廉洁文化进校园"主题宣传品创作思路和创作手段的主题讲座,组织学生通过实物、电子海报作品表达对廉洁文化的领悟。

2. 新媒体下的廉洁文化创作活动

以手机新媒体为载体,利用各类应用程序,如短视频类手机应用程序,组织开展廉洁文化短视频作品的征集评选活动。同时,利用各类通信软件,进行廉洁文化短视频作品的社区分享与传播。把廉洁教育理念与最新最时尚的手机应用结合,有利于鼓励学生发散思维,让廉洁教育的创新思维与前沿技术碰撞出智慧的火花。

(三)大学生廉洁教育社团的管理与活动组织

1. 制定社团章程

邀请学校相关理论学习社团负责人介绍各自社团基本情况,并结合"廉洁教育进课堂"交流发言,在充分讨论的基础上,制定并完善校园廉洁社团章程。章程的制定主要包括以下几点:

(1)以班级为单位,进行诚信优秀班集体评选(标准:班级里同学每一学年里重大考试中无作弊、替考行为出现,班务公开情况等)。

(2)深入班级、宿舍,调查同学们经常出现的廉洁诚信问题,并就这些问题向同学征集改善意见。

(3)每学期选一门课为试点,尝试进行无老师监考的诚信考试。

(4)各班班委可以将本班的财务收支情况、每学期组织活动的情况进行公布。

2.组织廉洁教育读书会

由教师带领学生进行红色读物的分享会,鼓励学生利用多种方式分享自己的收获体会。让学生翻阅书籍,接受心灵洗礼,从理论的高度深刻讨论清正廉洁,并用自己的理解展现自己得出的观点,而不是仅仅去网上摘抄。通过活动让学生深入了解"反腐倡廉"的含义,并通过书中可能展示的案例,让学生直接感受到腐败给社会带来的危害,从而引以为戒;另外,学生也可以从书中吸取正能量,并传递给他人。

三、利用社会力量推进大学生廉洁教育

(一)廉洁社会环境建设

1.抵制不良思想

我国的市场经济在快速发展以及国际交流的不断深化过程中,也会存在一定的消极影响。一些腐朽思想渗透社会和校园,对大学生的精神造成了不同程度的侵蚀。此外,我国传统社会中存在的腐败现象和社会风气,也对大学生的精神世界造成了严重的危害。对于这些腐朽、落后的不良思想,必须对其进行有力的抵制。首先,应在全社会营造廉洁的社会氛围,使各行各业的人员都能够自觉树立起廉洁意识,自觉遵守行业纪律,接受监督。在完善自身的同时,还应树立自觉与身边存在的腐败行为斗争的意识,对身边存在的腐败行为坚决、及时地揭发,形成与坚决与社会不良思想和风气作斗争的积极氛围。只有人们广泛树立起廉洁意识,才能够遵守廉洁的规则,使滋生腐败思想和行为的根源得到彻底的根治,真正实现社会的净化。只有形成廉洁的社会氛围,才能够为大学生廉洁教育提供良好的社会环境。其次,政府相关机构以及各类社会团体也应为廉洁社会环境的建设发挥自己应尽的责任。例如加强对廉洁事例、文化、价值观念的宣传;充分利用互联网的新媒体方式,深化廉洁价值观的传播;以社区为单位开展从业廉洁和家庭廉洁教育;在保护个人隐私的前提下,对在反腐败斗争中做出贡献的个人或家庭进行表彰。

2. 弘扬优秀传统文化

我国有着深厚的传统文化积淀,其内容丰富,覆盖范围极大。在我国优秀传统文化中,廉洁文化和廉洁教育是其中重要的内容之一。虽然,当前对于国学的重视程度越来越高,在社会中形成了国学热的潮流。但是对其中廉洁文化内容的挖掘和应用还略显不足。这主要是由于目前形成的国学热并没有从根本上理解和阐释优秀传统文化,甚至导致其沦为商业行为。对于我国目前的大学生廉洁教育来说,主要是通过现代廉政教育理论、廉洁教育理论开展廉洁教育,优秀传统文化对于廉洁教育引领作用略显不足。对优秀传统文化的忽视,就会导致我国的大学生廉洁教育缺乏传统根基,从而导致一系列问题。在大学生廉洁教育中对于优秀传统文化的忽视主要是由于现代社会文化的浮躁、对于优秀传统文化理解不够深入、不良思潮侵蚀等引起的。

在实现中华民族伟大复兴的过程中,教育事业发挥着极为重要的作用。要使教育充分发挥作用,就必须以科学思想为指导。大学生廉洁教育是我国教育事业的重要组成部分,其必然需要先进思想的指导。指导大学生廉洁教育的先进思想既包括国内外的廉洁教育理论,自然也包括我国优秀传统文化中有关廉洁的内容。

以优秀传统文化指导大学生廉洁教育,也是对我国传统的"德育"教育理念的传承。在大学生廉洁教育中引入优秀传统文化,既能够使大学生廉洁教育在内容、方法上得到丰富和创新,更好地实现大学生廉洁教育的教育目标;同时,也能够实现传统文化在大学生群体中的传承,树立大学生的民族自信。要在大学生廉洁教育中弘扬优秀传统文化,要求相关政府和社会的相关部门、机构、团体等充分利用网络等各种传播渠道,加强对传统廉洁文化的宣传,组织参观廉洁文化展览、观看廉洁文化宣传片等社会实践活动。在大学生群体中开展全方位传统文化廉洁教育活动,有利于加强对大学生廉洁观念的引导和培养,促进大学生思想意识的正确发展。

(二)形成廉洁教育合力

1. 形成家庭与学校的廉洁教育合力

家庭是人生的第二课堂,家庭在廉洁教育中也具有不可替代的作用,家庭应积极支持并参与廉洁教育中。对于大学生来说,家庭是其接触较为密切的环境之一,家庭氛围、家庭成员的言行举止等,都会对大学生的思想和行为造成潜移默化的影响。健康的家庭环境会使学生形成积极的思想和行为;相反的,消极的家庭环境则会导致大学生思想和行为的阴暗,这说明了家庭对于大学生廉洁教育的重要性。因此,对于家庭来说,支持和参与大学生廉洁教育应做到:一是对大学生廉洁思想进行正确的引导。二是家长配合对大学生廉洁教育的不足之处进行完善。家庭成员对于自身在思想和行为上的不足之处及时改正,使大学生在家庭环境中也能感受到廉洁教育的存在,认识到廉洁教育的重要性,在思想和行为受到家庭廉洁环境的影响。三是家长应对学校的廉洁教育给予理解和支持,使家庭与学校在廉洁教育上形成紧密的联系,开展廉洁教育合作,推动大学生廉洁教育的顺利实施。对于家长来说,要配合学校的廉洁教育,就必须以自身为孩子树立廉洁教育的榜样,为大学生创造廉洁的家庭环境,使大学生肯定和增强自身的廉洁意识,践行廉洁行为。

学校在开展大学生廉洁教育的同时,也应了解大学生家庭的廉洁氛围与廉洁行为,并引导家长对大学生廉洁品格的形成进行监督。学校可以通过发放问卷等形式,对大学生家长的廉洁意识进行调查,并引导家长对孩子廉洁思想与行为进行监督,使大学生不仅在学校接受廉洁教育,更将廉洁思想带回家庭,形成关于廉洁教育的家校合作互动的局面。对于家长来说,在廉洁教育的家校互动中,必须深刻意识到自己作为家长对孩子的榜样作用,从自身的思想和行为出发,通过自己的言行践行廉洁品格,为孩子营造廉洁的家庭环境,大学生在家长和家庭的影响下,更加肯定自身的廉洁思想,努力践行廉洁行为。

2. 形成社会与学校的廉洁教育合力

社会既不是单一的组织,也不是独立部分的存在,它以一种多维的、立体的视角呈现在人们的面前。大学生并不是脱离社会而存在的,其多多少少都会与社会产生一定程度的接触和联系。因此,大学生的成长和发展也会受到社会中各种因素的影响。社会对于大学生廉洁意识的影响是潜移默化的,因此,大学生廉洁教育要想取得理想的效果,就离不开社会的参与和支持。社会对大学生廉洁教育的参与和支持,离不开社会中各个组成部分的配合与协调,需要全社会为大学生廉洁教育营造风气廉洁、遵纪守法的社会环境。例如,政府需要制定相关措施,对社会中存在的不良风气进行打击,严防不良风气对校园廉洁文化和对大学生廉洁思想的侵蚀。

此外,学校也可以与相关社会组织、机构等合作,与社会或企业的廉洁文化活动相结合,将其引入校园廉洁教育中。学校应充分利用各种社会资源,推动大学生廉洁教育的实施,使大学生廉洁教育突破学校范围的局限,借助社会中廉洁教育的优秀经验和成果,为大学生廉洁教育注入活力,调动大学生参与和接受廉洁教育的主动性和积极性。学校可以邀请社会中廉洁品格优秀的知名人士如艺术家、企业家等进入校园,通过讲座等方式与大学生就廉洁教育展开互动,以自身实力将抽象的廉洁思想生动地表达出来,从而有效引起学生的共鸣,促进学生廉洁意识的形成。

四、利用思政工作推进大学生廉洁教育

(一)思政工作对于大学生廉洁教育的重要性

1.建设和谐社会的需要

建设社会主义和谐社会是中国特色社会主义建设的一项重要目标,也是全体中国人的社会理想与价值追求,是社会发展理念由可持续发展理念的又一次新的提升。社会主义和谐社会的建设是一项复杂的系统工程,在这一系统工程中,大学是其中的一个重要组成部分,其肩负着为我国社会主义建设事业培养人才的重要作用,而高校的和谐与否,直接影响着我国社会主义和谐社会的建设。和谐高校的建设,其中一项重要的内容就是构建廉洁的高校校园环境和文化,这对于廉洁风气在社会的营造

与弘扬具有重要的意义。而对于高校廉洁的构建来说,大学生廉洁教育发挥着重要的作用。对于大学生廉洁教育来说,必须与社会主义和谐社会的价值体系相协调,并且将其作为大学生廉洁教育重要的教育内容。其目的就在于使大学生深入掌握和理解社会主义和谐社会的六大基本特征:民主法治、公平正义、诚信友爱、充满活力、安定有序、人与自然和谐相处。这六大基本特征与廉洁思想和文化有着密切的联系,既各自具有丰富的内涵,又是相互关联的,大学生应将其作为自己的价值理念和道德规范。通过对社会主义和谐社会核心价值体系的学习,可以使大学生意识到社会的和谐发展归根到底是人的和谐发展,而腐败这一社会毒瘤,是导致社会不和谐的重要因素。作为社会主义和谐社会建设重要后备力量的大学生,必须不断追求自身的完善与和谐发展,为社会主义和谐社会的建设做出贡献。

2.高校培养人才的需要

当代的大学生有着更强的自我意识和更加活跃的思维。但是,由于大学生在实践经验上的不足,他们往往对于国家和社会发展的情况缺乏深入的了解,因此对于反腐败斗争的艰巨性、复杂性和长期性认识不足。在社会上腐败的不良风气的影响下,一些大学生的身上也出现了一些不良的行为,如论文抄袭、考试作弊、贷款高消费等,对于大学生今后可能出现腐败行为埋下了隐患。因此,高校必须利用大学生廉洁教育,使大学生了解党和国家关于反腐败斗争的方针、政策,清楚地认识我国的反腐败斗争形势;使大学生通过廉洁教育树立正确的三观,明确分辨腐败现象,自觉抵制腐败的侵蚀;帮助大学生改正投机取巧等不良思想,使大学生清楚地认识到,随着市场经济深入发展和市场经济体制的不断完善,今后的社会竞争越来越表现为知识和人才的竞争,依靠关系、贿赂等不正当手段是难以在竞争中取得优势的。因此,当代大学生只有树立了正确的观念,才能使高校的校园环境得到净化,在校园和学生中形成良好的风气。只有这样,大学生才能够实现综合素质的提高,成长为真正的人才。

3.大学生成长成才的需要

大学生廉洁教育能够以潜移默化的形式实现对大学生精神品质的培养,显示大学生精神品质中的闪光点,磨炼大学生的意志品质,促进大学生对于自身思想和行为的自我约束、控制和调节,自觉增强自身修养,成为廉洁的、高尚的、正直的人。大学生只有形成正确的思想意识,才能够使其成长和发展走上正确的道路,保持积极向上的精神状态,具备克服困难与挫折的能力。正是由于大学生廉洁教育的这些作用,使其能够满足大学生的主观需要。对于党和国家的建设来说,大学生是国家公职人员的重要后备人才。因此,更有必要对大学生进行廉洁教育,使他们提前养成坚定的廉洁意识,提高大学生抵制腐败的能力,保证大学生的健康成长。这不仅是全社会反腐败工作的重要组成部分,也是大学生自我实现的内在需要。

(二)利用思政工作推动大学生廉洁教育的途径

1.与学校教育教学相结合

对于大学生廉洁教育的实施来说,应避免其成为空洞的说教和机械的灌输,因为这类形式的教育较易引起大学生的抵触和逆反心理。因此,高校应该将廉洁文化建设与课堂教学紧密结合起来,利用多种途径进行廉洁文化的渗透和教育。

第一,学科渗透。也就是说,高校应将廉洁文化教育作为教育教学计划中的一部分,充分挖掘思想政治教育、形势与政策等相关课程中的廉洁文化教育资源,并对其进行充分的利用。同时还要结合廉洁教育选修课、专题讲座、社会实践等,对大学生进行廉洁文化的灌输,培养大学生的廉洁意识,强化对大学生的思想教育。尤其是要重视廉洁教育与思想政治教育的融合,将廉洁教育作为思想政治教育中的重要内容。例如,在《近现代史纲要》课程中,将对我国传统社会中的腐败现象与分析作为教学的重要内容;在《思想道德修养与法律基础》课程中,将公民的基本道德规范、相关法律等作为教学的重要内容。除了理论教学之外,廉洁教育与思想政治教育的结合还应在实践教学上有所发展。例如,在《思想道德修养与法律基础》课程中,组织参观廉洁人物故居和廉洁文化专题展览、旁听腐败案件审理等实践活动,使大学生在实践过程中受到廉洁文化潜移默化的影响,在实践中自觉践行廉洁行为。

第二,在大学生入学和毕业的两个阶段,加强廉洁教育的开展。高校可以结合考试作弊、论文抄袭等不良行为和现象,对新入学的大学生和即将毕业的大学生进行有针对性的廉洁教育。

第三,重点加强对大学生党员和学生干部的廉洁教育。这类学生属于大学生中较为优秀的群体,其对于其他大学生能够起到一定的表率作用。因此,加强对大学生党员和学生干部的廉洁教育,有利于推动廉洁教育在全体学生中的深入开展。大学生党员和学生干部的廉洁,也关系到他们在普通同学中的威信,对于其相关学生工作的开展也具有一定的影响。对于大学生党员和学生干部的廉洁教育,可以通过组织学习廉洁教育理论书籍、观看廉洁教育宣传片等形式开展,以提升他们的廉洁意识和水平。

第四,将廉洁教育与校园活动相结合。学校可以组织和举办各类形式的以廉洁教育为主题的校园活动,如主题辩论比赛、主题文艺汇演、主题征文活动、主题读书会、主题社会实践等。通过丰富多彩的活动形式,引导大学生自觉接触和参与廉洁教育,潜移默化地培养大学生的廉洁观念。

2. 与校园环境建设相结合

(1)与校园文化环境相结合

高校是社会主义建设事业人才培养的重要阵地,这也要求高校必须重视和加强大学生廉洁教育,建设廉洁高校。同时,这也是社会建立教育、制度、监督相结合的腐败预防与惩治体系的要求。只有通过大学生廉洁教育,高校才能为社会主义建设事业培养出具有较高思想政治素质和综合能力的全面发展的优秀人才,实现和谐高校的建设。高校的校园文化建设必须以社会主义先进文化为核心,将廉洁文化纳入校园文化建设中,将廉洁文化与廉洁教育作为校园文化建设的重要内容。同时,高校还应该充分了解当代大学生的身心发展规律、成长成才需求等,利用灵活多样、丰富多彩的形式,开展大学生廉洁教育,将大学生廉洁教育融入校园文化活动中,在高校和师生中营造良好的校园廉洁文化氛围。具体来说,大学生廉洁教育与校园文化的结合可以通过以下路径开展。

第一,组织学生开展廉洁文化学习活动。学校相关部门可以购置一些有关廉洁文化的书籍和读本,发放给学生党支部、团支部和班级等单位,并组织学生开展相应的读书会、研讨会等,在学生间组织廉洁文化的讨论。此外,还可以通过校园网、宣传栏、电子显示屏、广播等途径,展示有关廉洁教育的格言警句,以加强对廉洁文化的宣传,在校园中构建廉洁的文化环境。

第二,结合高校的实际情况,针对学校中存在的不诚信现象,在学生间开展诚信承诺签名活动,在学生间强化廉洁意识。

第三,组织学生创作以廉洁文化为主题的各类形式的文艺作品,如诗歌、戏剧、小品等,通过表演文艺节目,使廉洁文化潜移默化地对大学生产生影响,在校园中形成良好的校园廉洁文化氛围。

第四,可以鼓励学生建立有关廉洁文化和廉洁教育的组织和社团,组织和开展各种关于大学生廉洁教育的主题实践活动,实现大学生的自我廉洁教育。高校则可以为这类学生组织和社团提供一定的指导,增强大学生自我廉洁教育的效果。高校校园文化活动多样的形式和丰富的内容,为大学生廉洁教育的开展提供了积极的条件。首先,可以在各类学生晚会中,创编和表演贴近大学生生活的、反映大学生廉洁思想品质的文艺节目。其次,在学生社团中融入廉洁文化。社团是受到大学生喜爱的组织,大多数学生都会根据自身的兴趣、爱好、需求等,选择加入符合自己需要的社团,有的学生还会加入多个社团。因此,社团也是大学生思想政治教育的一个重要渠道。因此,高校应重视大学生廉洁教育与学生社团活动的融合,实现对大学生潜移默化的廉洁教育。最后,要在班级和团支部活动中融入廉洁教育的内容,鼓励学生自主、自觉地接受廉洁教育,主动进行自我的廉洁教育,不断增强自身的廉洁意识。

（2）与校园育人环境相结合

高校的校园环境也具有一定的育人功能。因此,高校对大学生的廉洁教育也可以与校园育人环境相结合。具体主要开展的途径有:一是利用学校的各种传播途径如广播、校园网、校园报刊、宣传栏等,在校园内广泛地传播廉洁文化和廉洁知识的相关理论,通过校园宣传阵地,在校园营造廉洁的舆论氛围;二是要充分发挥教师的引导和示范作用,加强对高校教师的廉洁教育,通过教师对学生在廉洁思想和行为上的示范,影响学生的廉洁意识与行为;三是要加强高校领导干部的廉政建设,规范学校管理,从领导层面为廉洁校园环境的建设做出努力。

3.与大学生社会实践相结合

社会实践是大学生思想政治教育中的重要环节和组成部分,对大学生真正了解社会,增长自身能力,磨炼自身意志品质,提高自身素质等具有重要的作用。因此,要提高大学生廉洁教育的效果,就必须与大学生的社会实践紧密结合。如开展面向实际、面向社会的廉洁教育,使学生在社会实践中感受社会的反腐氛围。与社会实践相结合,能够实现大学生廉洁教育在内容上的丰富和渠道上的拓展,从而增强大学生廉洁教育的实效性。大学生廉洁教育与社会实践的结合,可以通过与专业教育社会实践、社会服务活动、勤工俭学、创新创业等形式实现,并不断探索出相应的管理体制,既增强大学生廉洁教育的实效性,也增强大学生社会实践的效果。廉洁教育与社会实践相结合,有利于大学生养成廉洁的职业观念,增强大学生的社会责任感和使命感。

高校廉洁教育还应该充分利用各类廉洁文化和廉洁教育的社会资源,突破学校的限制,与校外的各类廉洁文化教育基地相结合。一是与法治教育基地的结合。高校可以与法院合作,组织学生旁听腐败案件的审理,以现实案例对大学生进行生动而深刻的大学生廉洁教育。二是与爱心教育基地的结合。高校可以组织大学生志愿者到社会上的各种福利机构进行社会服务实践活动,实现大学生与革命前辈之间的交流和互动,通过他们关于廉洁事例的讲授,使大学生感受革命前辈的廉洁精神。三是与军方基地的结合。高校还可以与部队进行沟通与合作,组织大学生到部队进行参观,近距离感受部队军人的廉洁气质。四是与企业教育基地的结合。企业是追求利益的组织,也是容易滋生腐败的场所。大学生到企业参观学习的过程中,不仅会为企业家的精神所激励,也会对企业中的腐败现象感到痛恨,这就有利于学生自觉形成廉洁意识,自觉抵制腐败,与腐败行为作斗争。外延载体的丰富,对于大学生廉洁教育在层次和高度上的提升具有积极的意义,有利于大学生廉洁教育不断实现教育内容和教育手段的拓宽,推动廉洁教育在高校中的建设和发展。

4.发挥高校党校的作用

对于大学生廉洁教育的加强,同样不能忽视对校园内容资源和载体的充分利用。其中较为重要的一点就是要充分发挥各级党校对大学生廉洁教育的辅助作用。高校可以利用各级党校,加强对大学生党员和入党积极分子的廉洁教育。这不仅是大学生廉洁教育的要求,也是各级党校重要的教学内容。各级党校的大学生廉洁教育主要内容包括以下几个方面。

一是三观教育。各级党校教育的核心内容就是教育、引导和帮助大学生党员和入党积极分子树立正确的三观。对于大学生来说,只有树立了正确的三观,才能够真正地、深刻地理解人生的目的和意义,才能使自身成为廉洁的、行为端正的党员后备力量,避免受到腐败的侵蚀,为反腐败斗争培养后备力量。

二是党风廉政建设和反腐败斗争形势教育。各级党校在对大学生进行这部分内容教育的时候,必须向大学生深刻阐明现阶段我国出现的腐败现象并不是根本制度性的,必须向大学生明确党的干部的主流队伍是廉洁的,中国共产党完全有能力解决腐败问题。同时还应该使大学生意识到,当前的腐败现象依然是较为严重的,反腐败斗争形势是严峻的。因此,作为党的重要后备力量,大学生必须为长期的、艰巨的党风廉政建设和反腐败斗争打好思想基础。

三是党的纪律教育。进行纪律教育的目的就是实现党的优良作风在大学生党员和入党积极分子身上的传承,使他们按照党的纪律规范自己的理想信念和行为,养成良好的作风习惯,自觉遵纪守法,从根本上提高他们的思想政治素质和党性修养,在思想和行为上自觉维护党的形象。

四是理想和信念教育。大学生所处的生活环境以及其自身的生活经历都是较为单一的,因此他们对于党的认识大多还停留在感性层面,缺乏更为深入的理性思考。当大学生面对复杂的社会现象,尤其是各种诱惑的时候,有时很难保证理想信念不动摇。因此,进行理想和信念教育的目的就在于牢固大学生的思想根基,使其能够经受诱惑和考验,成为真正的社会主义事业接班人。

5.发挥教师的榜样作用

榜样具有力量性、示范性、引领性、群体性等方面的特征和作用。因此,对于大学生廉洁教育来说,有必要充分发挥教师的榜样作用,通过教师的表率,潜移默化地影响大学生。同时,高校在进行各方面的管理工作的同时,也应该充分体现廉洁,使大学生能够切身感受到校园的廉洁文化。高校的各级领导干部也必须做好廉洁的示范和表率作用,以身作则,践行廉洁思想和廉洁文化,严于律己,通过廉政建设更好地为高校师生服务,以自身的人格魅力影响师生。教师与学生有着密切的接触,教师的思想和行为不可避免地会对大学生产生直接或间接的影响。因此,教师在重视教学活动的同时,还应该注意自己的品行,将自己作为学生的榜样,引领学生向自己学习。

6.开展大学生廉洁自律教育

大学生廉洁教育更重要的是要得到落实,取得实际的廉洁教育效果,而解决这一问题的关键就在于准确把握当代大学生的生活实际和身心状况,并以此为依据开展针对性的大学生廉洁教育。廉洁教育要求大学生应做到自觉加强自我修养,树立廉洁观念,并将其内化为自身的信念与价值,强化自律,从自身做起,从现在做起,从小事做起,积极主动践行廉洁思想和行为。

第一,树立正确的三观。廉洁观的树立,从本质上来说,就是对人生价值和社会价值的承认和尊重,是对自己的、对他人的多元价值关系的协调。因此,只有树立了正确的三观,才能够使大学生实现自我价值与社会价值的统一,将自我价值融于社会价值,在实现社会价值的过程中,实现自我价值。对于个人来说,人生的价值就在于创造出新的价值。当个人为群众、为社会创造价值时,他的人生价值也是极高的。因此,对于大学生来说,要树立正确的三观,树立廉洁观,就必须树立劳动、创造、奉献的意识。

第二,要遵循正确的修养途径。廉洁的品质包含知、情、意、行多方面的心理内容。养成正确的廉洁品质,从心理层面上讲,应注意道德情感的培养。孟子提出:"恻隐之心,仁之端也;羞恶之心,义之端也;辞让之心,礼之端也;是非之心,智之端也。"①"四心"生"四德"。结合当前的形势和要求,要重点培养爱心、责任心、羞耻心和是非感。这是一个重要心理基础,爱心使人乐于奉献,而不是侵占和索取;责任心使人明确自己的义务,知道尊重他人,而不滥用权力;羞耻心和是非感使人建立起良心责罚的内在约束机制。这些情感是养成廉洁品质不可或缺的心理基础。舆论是外在的评判人,良心是内在的裁判官。健康的社会舆论形成需要公正文明的经济政治制度和社会环境,良心的培养需要主体的自觉修养。

第三,要培养"三种能力"。这三种能力包括明辨是非的能力、抵制腐败侵蚀的能力、行为自律的能力。大学生不仅要培养这三种能力,更要实现这三种能力的相互影响和联系,使这三种能力成为有机的统一体。

第四,要知行统一。当前,在思想政治教育中普遍存在着知行分离的问题,这一问题同样存在于大学生廉洁教育中。大学生在养成正确的廉洁观后,还应该将廉洁观念转化为实际行动,使廉洁固化为大学生的习惯,使大学生的廉洁观念上升为理想信念。品质和习惯的形成,都需要一个不断实践、不断重复、不断积累的过程。只有这样,大学生廉洁教育才能从对大学生的外部规约转化为大学生自身的内部规约,也即从廉洁的

---

① 出自《孟子·公孙丑上》。

他律发展为自律,实现大学生作为廉洁教育中主体的自我教育。自我教育能力包括自我认识、自我激励和自我控制等能力。大学生只有充分发挥自我教育能力,才能够在复杂的社会环境中,成功抵御各种诱惑,坚持正确的发展方向。高校作为社会主义人才培养、文化传承与先进文化建设的重要阵地,承担着为我国的社会主义建设事业培养优秀人才的重要责任。因此,高校开展的大学生廉洁教育,不仅是大学生思想道德教育的要求,同时也是全社会反腐败教育的重要组成部分。大学生廉洁教育的开展,对于我国社会主义建设事业的长期和持续发展具有重要的作用。廉洁是一种价值观,也是一种人生观,对于大学生来说,要坚定地走好廉洁人生路,因廉心智清明,因廉择善而从,要义不容辞地建设未来,要责无旁贷地学好本领,要高度自觉地养成廉洁的品质,让廉洁伴随一生,让廉洁成就人生。

五、利用家风传承推进大学生廉洁教育

(一)家庭教育与廉洁家风

1.家庭教育

家庭是孩子的第一所学校,父母是孩子的第一任老师。因此,家庭的教育对于孩子的成长具有特殊的作用,家庭教育的功能是学校教育和社会教育所无法取代的。家庭廉洁教育是学校廉洁教育的基础,也是学校廉洁教育的重要补充。家庭对于孩子身心发展的影响是连续性的,因此,如果家庭廉洁教育能够发挥较好的作用,高校的学校廉洁教育也将事半功倍。这也说明,必须充分重视大学生的家庭廉洁教育,充分发挥家庭教育在大学生廉洁意识培养上的积极作用。

2.廉洁家风

家风属于家庭教育的范畴,是家庭教育中积极的、为社会所接受的、经过长期的历史发展而流传下来的部分。家风与家庭教育有着一定的区别。家庭教育是指家庭生活中上辈人对后辈人的教育或影响。家庭教育有积极的内容,也有消极的内容。廉洁家风是家风中的优秀内容和净化,

在人类长期的历史发展过程中,会不断得到传承和发展。

　　廉洁思想是人类价值意识中的精华内容。家风是家庭的价值观,也是对广大群众生活的最好诠释,是一种接地气的生活文化。将廉洁教育融入家庭教育,并经过长期的发展,就形成了廉洁家风。廉洁家风对于整个国家和社会也具有重要的意义。家风属于我国优秀的传统文化,廉洁家风符合当前我国社会主义思想建设的本质要求。廉洁家风将思想政治问题与生活实际问题的解决联系在了一起。廉洁家风要求家庭中的成员以廉洁的意识规范自己的思想和行为,将廉洁作为为人处世的基本准则,以廉洁自律,以廉洁创造幸福生活。腐败、奢侈以及其他不良的思想和行为都是廉洁家风所摒弃的。在廉洁家风的作用下,能够培养出廉洁的社会主体,也就是培养家庭成员的廉洁价值观,使他们践行廉洁行为,过廉洁的生活,将人塑造为廉洁的人。

(二)以廉洁家风推进大学生廉洁教育的途径

1.构建廉洁家风

　　家风对于大学生的成长和成才发挥着重要的影响。家庭中廉洁的家风有利于大学生形成科学的、廉洁的价值观,腐败的家风则会导致大学生形成不良的价值观念。因此,从家风的角度来说,家长必须为大学生的成长和成才营造清廉的家庭环境,构建清廉家风。

　　一方面,家长需要不断提高自身素质,将自己作为孩子的榜样,以自身的实际行动影响和引导孩子。因此,家长就必须强化自身的廉洁意识,规范自己的行为,积极践行廉洁行为,不实施和接受任何腐败行为,以自己的行动向孩子传达廉洁的价值观,为孩子树立廉洁榜样,潜移默化地培养孩子形成廉洁的价值观。

　　另一方面,家长应积极营造廉洁的家庭氛围,构建廉洁家风。家庭环境对人有着深刻的影响。中国古代著名的思想家墨子用生动的话比喻环境对人成长的重要性,"染于苍则苍,染于黄则黄。所入者变,其色亦变;五入必,而已则为五色矣。故染不可不慎也"(《孟子·所染》)。《所染》生动说明了我们所处的环境会影响我们人格的形成。因此,作为父母,必须在家庭中营造有利于孩子健康成长成才的家庭氛围,构建廉洁家风。父母可以在家庭生活中制定清廉家规,以勤俭持家为原则,对于原则性问题保持明确和坚定的立场,肯定和支持国家的反腐败工作以及学校的廉洁教育。这些行为都会对孩子廉洁意识的形成产生积极的影响。

2. 构建廉洁的家庭关系

廉洁家风的构建还需要形成廉洁的家庭关系。在家庭中,正是由于亲属和血缘关系,才使家庭成员能够实现亲密的接触,并形成一定的家庭关系和氛围。这种氛围显示出家庭成员最美好的、极不寻常的心灵特征。家庭成员间的亲属和血缘关系,也会区别于没有血缘关系的人之间的往来。廉洁家风的构建需要家庭内各种关系的协调。

廉洁的家庭关系,一是配偶间的廉洁关系。配偶双方的地位是平等的,配偶之间在家庭中的接触和关系都是最为亲密的。因此,廉洁的家庭关系一是配偶间的廉洁关系。配偶相互间的影响是最为深刻的,配偶中一方的腐败,极易引起家庭的腐败。因此要形成配偶间的廉洁关系,就要求配偶双方都树立廉洁意识,互相监督对方,自觉抵制外界的腐败诱惑,同时帮助对方抵制腐败诱惑。

二是亲子间的廉洁关系。在家庭中的各种关系中,父母往往都是利他的,在亲子间的关系中也是如此。培养孩子养成健康的人格和正确的社会准则是父母的重要职责。父母在对孩子进行教育时,应该将孩子作为成人看待,通过严厉的教育,使其具有敬畏之心,尊重社会准则与法律,并以此规范自己的行为。在孩子的成长过程中,父母必须以足够的耐心和平等的方法对待和教育孩子,并随着其年龄的增长,适当给予其一定的权利,赢得其信任,对其进行吃苦教育,使孩子树立起廉洁意识。

三是其他家属关系。其他家属关系包括兄弟姐妹等直系亲属和其他旁系亲属。其他亲属对于廉洁家风的构建也发挥着重要的影响。作为其他家属,应积极向家庭成员传递廉洁意识与文化,不断规范自己的行为,远离贪污腐败,做到廉洁自律。

第三节　信息化时代大学生廉洁教育路径创新

一、更新优化廉洁教育内容

(一)引入实时案例

大学生廉洁教育内容需要与时俱进,及时关注反腐倡廉的最新形式和政策,并及时更新廉洁教育的知识点和案例。信息化时代,科学技术手段的发展无疑为及时更新大学生廉洁教育内容提供了更为便利的手段。为了使廉洁教育内容更加贴近大学生的实际生活和时代背景,在开展大学生廉洁教育的同时应积极引入与大学生息息相关的实时廉洁教育案例。这些案例可以是来源于社会新闻、公共事件或校园内的真实案例。例如,近年来互联网上曝光的一些高校教师、学生干部涉嫌贪污、受贿的案例,引起了广泛关注。这些案例不仅揭示了廉洁教育在现实生活中的重要性,也提醒了大学生要时刻保持清醒头脑,坚守道德底线。通过分析这些案例,引导学生认识到廉洁教育在现实生活中的重要性和应用价值。同时,实时案例的引入还可以帮助学生更好地理解廉洁教育的最新形势和政策,提高其分析和解决问题的能力。但应该注意的是,在引入实时案例时,案例的选择是十分重要的,对于案例的描述或加工应确保案例的真实性、典型性和教育性,使其能够有效地服务于廉洁教育目标的实现。

(二)定期更新知识点

信息化时代,大学生廉洁教育能够通过便捷的网络及时引入实时案例,同时为了确保廉洁教育的时效性和准确性,教育者还应定期更新廉洁教育知识库,及时剔除过时、不合适的内容,补充最新、最全面的知识点。在更新知识点的过程中,应注意知识的系统性和逻辑性,建立完善的知识体系,帮助学生全面、深入地理解廉洁教育的内涵和外延。同时,还应关注知识的科学性和权威性,确保所提供的知识是经过严格筛选和权威认证的,避免误导学生或传递错误信息。同时,为了进一步提高廉洁教育的质量和效果,可以定期举办廉洁教育专题讲座和研讨会。通过邀请专家学者、政府官员、企业代表等各方面人士,就廉洁教育的相关问题进行深入的探讨和交流。专题讲座和研讨会的形式可以多样化,包括现场演讲、在线直播、小组讨论等,以满足不同学生的需求。在举办专题讲座和研讨会时,应注意内容的针对性和实用性,结合大学生的实际需求和特点,增加与大学生生活、学习、未来职业发展相关的内容,确保主题与学生实际需求相符合,能够解决学生在廉洁方面遇到的问题和困惑。

二、创新廉洁教育教学方式

(一)线上线下课堂相结合

大学生廉洁教育的教学方式多种多样,但大部分教学方式都强调教师与学生之间的现场互动,实地教学。利用互联网和信息技术手段,开展在线教育、远程教育等多样化教学方式,能够在一定程度上扩充大学生廉洁教育教学方式。在线教育可以打破时间和空间的限制,方便学生随时随地进行学习。同时,远程教育可以让学生听取不同教师的课程,拓宽知识视野。例如,可以开设在线课程、网络讲座等,提供多样化的学习资源和学习方式。

(二)廉洁文化与各学科交叉融合

在信息化时代,可以通过科学技术手段在廉洁教育中与其他学科进行交叉融合,在对大学生开展廉洁教育的同时融入其他学科的知识点,增加廉洁教育的全面性和多样性,以此来培养学生的全面思考和解决问题的能力,可以让学生从多个角度理解和应用廉洁知识,加深对廉洁问题的认识和理解。

跨学科廉洁教育可以涉及多个学科领域,如法律、经济、管理、心理学等。在法律学科中,学生可以了解廉洁与法律的关系,学习如何运用法律手段来维护廉洁;在经济学科中,学生可以了解廉洁与企业经济行为的关系,学习如何在商业活动中保持廉洁;在管理学科中,学生可以学习如何通过有效的管理手段来促进廉洁文化的建设;在心理学学科中,学生可以了解人的心理活动与廉洁行为的关系,学习如何培养良好的道德品质和行为习惯。通过在廉洁教育中融入各个专业不同的知识点,学生可以更加全面地了解廉洁教育的多样性和全面性。帮助学生更好地理解廉洁问题的本质和内涵,提高其对廉洁问题的敏感性和判断力。

同时,这种教育方式还可以培养学生的整体综合素质能力,为其未来的职业发展打下坚实的基础。

(三)利用人工智能技术辅助教学

在当今信息化时代,在教育领域中时常能够看到人工智能技术在其中的应用,例如通过人工智能技术为学习者提供更加个性化和高效的学习体验;通过对学习者的个性化分析,提供更加高效化的学习方案等。

首先,人工智能可以通过分析学生的学习数据和行为,智能推送相关的学习资源。通过跟踪学生的学习进度和反馈,人工智能可以判断学生对哪些知识点存在疑惑或困难,然后智能推送相关的学习资料巩固强化该知识点。这种方式能够帮助学生更加精准地掌握知识点,提高学习效果;其次,人工智能可以提供个性化的学习建议和指导。通过分析学生的学习数据和行为,人工智能可以评估学生的学习情况和能力水平,然后提供个性化的学习建议和指导。例如,如果有学生想要了解廉洁文化发展历程,人工智能可以根据学生的要求推荐相关的课程和资料。这种个性化的学习建议和指导,能够帮助学生更好地了解自己的学习需求,提高学习效果;此外,人工智能还可以用于评估学生的学习成果。传统的评价方式往往是基于考试成绩和作业完成情况,而人工智能可以通过分析学生的学习数据和行为,给出更加全面和准确的评价。例如,人工智能可以分析学生在学习过程中的参与度、讨论活跃度等数据,给出综合的评价结果。这种评价方式能够更加客观和准确地反映学生的学习情况和能力水平。

需要注意的是,虽然人工智能在廉洁教育中具有很多优势和应用前景,但也需要关注其可能存在的问题和挑战。例如,数据隐私和安全问题、学生对其产生依赖性问题、学生惰性增强的问题等。因此,在使用人工智能辅助教学时,需要充分考虑其可能带来的风险和挑战,并采取相应的措施来保障学生的权益和学习效果。

三、构建廉洁教育数字平台

(一)开发廉洁教育移动应用

在信息化时代,移动设备已成为大学生的必备物品。移动应用作为一种新型的教育工具,具有便携性、即时性和个性化等优势,可以很好地满足大学生的需求。因此,开发廉洁教育移动应用,为受教育者搭建一个便携、便利的学习数字化平台是很有必要的。

在设计移动应用时,应以学生为中心,充分考虑他们的学习习惯和需求,应用界面应简洁明了,操作流程应便捷流畅。在内容上,除了提供基础的廉洁教育课程外,还可以加入互动测验、实时通知、定期推送等功能,除了教授的理论课程以外,还可每日推送身边廉洁事、每周廉提醒等,以此来增加学习的趣味性和实用性,潜移默化的影响学生。同时,移动应用也可以利用大数据和人工智能技术,根据学生的学习进度和能力水平,为其提供个性化的学习推荐和辅导。例如,根据学生的学习数据,可以分析出其学习薄弱点,为其推送有针对性的学习资源;根据学生的学习习惯和兴趣,为其推荐个性化的学习路径和课程。

在廉洁教育移动应用中,还可以设置互动社区或论坛,供学生交流学习心得、讨论廉洁相关话题。这种实时的互动不仅可以增强学生的参与感和归属感,还可以通过交流帮助学生解决学习中的困惑和问题。同时,教师或其他专家也可以通过应用为学生提供指导和帮助,形成良好的师生互动关系。此外,移动应用还可以设置实时反馈机制,让学生在学习过程中及时了解自己的学习状况和进步情况。这种反馈可以帮助学生调整学习策略、提高学习效率。廉洁教育移动应用除了本身的应用功能外,还应不断更新和优化其内容与功能,以保持对学生的吸引力。可以通过收集学生所反馈和使用的数据,对应用自身问题和不足之处进行改进,使应用始终保持与时俱进的状态。

(二)建立廉洁教育资源共享数据库

信息化时代,互联网为各类资源的储存以及共享都提供了良好的平台,在此大背景下,建立廉洁教育资源共享数据库旨在汇聚各类廉洁教育资源,为学生、教师和研究者提供一个便捷、高效、全面的学习与研究平台。通过数据库,可以实现资源的集中管理、优化配置和共享利用,提高廉洁教育的质量和效果。

廉洁教育资源共享数据库的内容应涵盖文字、图片、视频、音频等多种形式,包括但不限于课程教材、学术论文、研究成果、案例分析、互动课程等。这些资源可以来源于高校、研究机构、政府部门等,也可以邀请专家学者、教育工作者等共同参与贡献。为了扩大数据库的影响力和使用率,可以与各大高校、研究机构、政府部门等进行合作,共同推广廉洁教育资源共享数据库的价值和意义。可以通过举办培训班、研讨会等活动,提高教师和学生对于该数据库的认知度和使用率。同时,还可以通过与社会各界建立合作伙伴关系,共同开发和优化廉洁教育资源数据库的内容与功能。数据库中的资源内容应保持持续更新和优化,以适应时代发展和用户需求的变化。可以通过定期收集用户反馈和使用数据,了解资源的不足之处和用户需求的变化趋势,进而进行改进和完善。同时,还需要加强该数据库的日常维护和管理,确保数据的准确性和完整性,以期能够通过建立一个关于廉洁教育的线上资源共享平台,使更多人学习廉洁文化,重视廉洁教育,为廉洁教育的发展提供有力支持,提高廉洁教育的整体水平和社会影响力。

四、拓展廉洁教育实践方式

(一)利用虚拟现实技术创新廉洁教育体验

虚拟现实技术(Virtual Reality,VR),是一种可以创建和体验虚拟世界的计算机仿真系统,它可以利用计算机生成一种模拟环境,使用户沉浸到该环境中。虚拟现实技术就是利用现实生活中的数据,通过计算机技术产生的电子信号,将其与各种输出设备结合,使其转化为能够让人们感受到的现象,这些现象可以是现实中真真切切的物体,也可以是我们肉眼所看不到的物质,通过三维模型表现出来。因为这些现象不是我们直接所能看到的,而是通过计算机技术模拟出来的现实中的世界,故称为虚拟现实。VR 技术能够创建高度逼真的三维虚拟环境,使用户仿佛身临其境地置身于虚拟世界中。

大学生廉洁教育如果仅仅通过课堂上的理论教学,很难让学生切实掌握廉洁教育的真谛。实践教学能够更好地让学生切实感受廉洁教育的熏陶,但将学生大规模地带离学校课堂操作起来的难度是比较大的。而通过虚拟现实技术的应用,可以将结合历史事件、现实案例以及虚构场景,构建一系列与廉洁教育相关的场景。例如,学生可以亲身体验一个公务员在面临利益诱惑时的抉择,或者模拟参与一次反腐行动。在应用中也可以设置多种交互方式,允许学生与虚拟角色进行对话、做出选择,并根据学生的行为给予相应的反馈。还可以设置一个廉洁教育基地场馆情景,让学生能够切身感受到廉洁教育。通过提供这种新颖、有趣的实践方式,能够更加真实、生动地传递廉洁教育的核心理念。学校可以定期组织学生使用 VR 设备进行廉洁教育实践体验。这些活动可以在课堂上进行,也可以作为校园社团活动的一部分。通过沉浸式的体验,学生能够更加直观地感受到廉洁的重要性,深入理解廉洁的内涵和要求。这种体验方式有助于增强学生的廉洁自律意识,培养其正确的价值观。在体验活动结束后,教师可以引导学生分享体验感受,进行讨论和反思。同时,学校可以对活动效果进行评估,收集学生的反馈意见,为后续活动的改进提供依据。

(二)构建在线实践交流平台

在信息化时代,廉洁教育实践活动的开展除了在生活中参与以外,还可以尝试在线上构建一个在线实践交流平台。平台能够支持实时文字、语音甚至视频交流,允许学生之间、学生与教师之间进行实时讨论和协作。根据学生的参与情况和兴趣,平台能够智能推荐相关的廉洁教育实践活动和资源,满足学生的个性化需求。教师可以在平台上发布和管理各类廉洁教育实践活动:①在线辩论:教师可定期在平台上组织关于廉洁主题的在线辩论活动。学生可以提前准备观点,在辩论过程中实时发表自己的见解。这种方式能够培养学生的逻辑思维和语言表达能力,同时也能锻炼他们在公开场合发表观点的勇气。②案例分析:可通过发布真实的廉洁教育案例,让学生进行分析和讨论。学生可以针对案例中的情境提出自己的见解,与其他学生进行交流和讨论。这种方式能够帮助学生将理论与实践相结合,提高其分析和解决问题的能力。③互动游戏:平台可以开发一些与廉洁教育相关的互动游戏,让学生在轻松愉快的氛围中学习廉洁知识。游戏可以设置各种任务和挑战,激发学生的参与热情。④小组合作项目:学生可以在平台上组建小组,合作完成一些与廉洁教育相关的项目。例如,制作廉洁主题的宣传海报、制作短视频等。通过小组合作,学生能够培养团队协作精神和实践能力。

通过构建一个在线实践交流平台,学校可以为学生提供更加灵活、多样化的廉洁教育实践方式,不仅方便学生参与廉洁文化活动,在一定程度上也能够节约部分组织举办廉洁实践活动的开销。学校要充分利用信息化技术的优势,增强学生的参与感和体验感,提高廉洁教育的效果和质量。同时,线上实践交流平台的建设也有助于推动学校教育信息化建设的发展,提升教育教学的整体水平。

五、赋能廉洁教育评价体系

(一)引入大数据分析

在信息化时代,数据已成为各项决策的重要依据。为了优化廉洁教育评价体系,我们首先需要利用先进的信息技术工具进行数据收集,这些工具可以实时跟踪学生在廉洁教育活动中的表现,从参与度、互动频率到学习成果等各个维度,全面收集大量数据。在收集到足够的数据后,下一步则是运用专业的数据分析技术进行深入分析。通过分析我们可以了解学生群体的行为模式,找出共同点和差异点,从而更好地理解学生的需求和特点。关联规则挖掘则有助于发现不同数据之间的潜在联系,揭示隐藏在数据背后的规律和趋势。数据分析的结果不仅为教育决策提供了科学的依据,而且可以揭示学生在廉洁教育活动中的潜在问题和学习偏好。这有助于教师针对性地调整教学策略,满足学生的个性化需求。

基于数据分析的结果,我们可以为学生提供个性化的反馈和改进建议。这不仅能够帮助学生更好地理解自己的学习状况,也为他们指明了进一步努力的方向。通过这种方式,我们能够帮助学生制定更加合适的学习计划,提高他们的学习效果和兴趣。通过引入大数据分析,我们不仅能够更加科学地评价学生的廉洁教育成果,而且能够根据学生的个性化需求提供有针对性的反馈和建议。这为优化廉洁教育评价体系提供了有力支持,有助于优化教育的质量和效果。

(二)建立多元评价体系

大学生廉洁教育教学的过程中,传统的教师评价方式往往存在主观性强的局限。想要使评价结果更为全面和客观,可以利用大数据技术引入学生自评、同学互评和家长参与的评价方式。学生自评有助于培养学生的自我反思能力,让他们更加了解自己的学习状况和不足之处;同学互评则可以促进同学之间的相互学习和交流,提高评价的准确性和可信度;家长参与评价可以加强家校之间的沟通和合作,让家长更加了解孩子在廉洁教育活动中的表现和进步。

除了传统的书面考试,也可以增加实际操作、项目成果、团队合作等多种评价形式。这些评价形式能够更好地评估学生的综合素质和实践能力。实际操作评价可以检验学生对廉洁知识的应用能力;项目成果评价可以展示学生的创新能力和问题解决能力;团队合作评价则可以培养学生的沟通协作能力,让他们在集体中更好地发挥个人价值。

另外,可以结合线上和线下评价,过程性评价与终结性评价,确保评价的实时性和动态性。这样可以更加全面地反映学生的学习过程和成果。例如线上学习管理系统、在线测试等方式的应用,方便快捷地收集学生的学习数据;线下评价则可以通过观察、访谈等方式进行,深入了解学生的实际情况。

通过建立多元评价体系,我们可以更加客观、全面地评价学生的廉洁教育成果,激发他们的学习兴趣和动力,促进他们的全面发展。同时,这也为教育决策和教育改革提供了科学依据。

第四章

廉洁教育对大学生素质提升的基础作用

素质教育是面向未来的教育,推行素质教育是我国高等教育进一步改革和发展的需要,是适应社会经济科学文化发展和社会主义现代化建设的需要。对大学生进行廉洁文化教育,充分发挥廉洁文化在素质教育中的功能与作用,能够对大学生素质教育起到基础性作用,同时从多方面促进大学生的素质提升。而廉洁文化之所以能够在大学生素质教育中起到重要作用,是源于二者之间的内在同一性。

第一节　大学生素质教育概述

一个国家、一个民族、一个社会的文明程度和进步速度,主要取决于人的素质,而人的素质的提高,在很大程度上取决于这个国家、民族、社会教育事业的发展水平。任何教育按其本质来说,都是按照社会的要求,依据教育自身发展的特点,去培养人、塑造人和改造人。大学生作为未来社会的建设者,其素质程度如何,对社会的发展、民族的复兴有着很大的影响作用。

一、素质的内涵与特征

为了清晰地了解素质教育,我们必须准确地把握素质的含义及其特征,立足当前大学生的素质现状,理清实施素质教育的思路。

（一）素质的基本内涵

作为人的素质来说，其本意是指人们与生俱来的某些解剖生理特征，即所谓"遗传素质"。其基本含义是：一般指有机体天生具有的某些解剖和生理的特性，主要是神经系统、脑的特性，即感官和运动器官的特性，是能力发展的自然前提和基础。

"素质"是先天的，教育是后天的，后天的教育培养不出先天的素质。但是，许多学者认为，先天的素质只是提供人的发展的生理基础，后天的环境与教育可以发展先天的潜能，提高和完善人的素质结构。教育界提出的素质教育的"素质"，是先天遗传的禀赋与后天环境影响、教育作用的结合而形成的相对稳定的基本品质结构。

因此，人的素质不仅是指某一方面的知识或能力，而且是指人的内在品质的总和，是人通过学习、训练和内化等过程形成的稳定的基本品质结构，包括人的思想、知识、身体、心理品质等。

（二）素质的主要特征

1. 遗传性与习得性

从素质的来源看，它既具有遗传性，又具有习得性。更确切地说，素质是遗传性与习得性的统一。遗传性，又可称为先天性。人的一部分素质主要是先天具有、与生俱来的，也就是说，它是生物遗传的结果，如自然素质所包含的解剖生理特点。应当说，素质生来即有的自然特点部分具有遗传性。习得性，又可称为后天性。人的另一部分素质并非由遗传而来，而是在遗传的基础上，通过教育、环境与实践活动的影响而逐步习得的。应当说，素质习得的品质部分具有习得性。因此，从整体来看，素质是遗传性与习得性的统一。遗传性是基础，习得性是发展。只有以遗传性素质为基础，才能形成习得性素质，即只有二者的统一，才能形成完整的素质。

2. 自然性与社会性

自然性与先天性相联系。正因为人的素质的一部分来自遗传，所以它具有自然性的特点，即这些特点反映了生物因素的内容，打上了自然影响的烙印。社会性与后天性相联系。正因为人的素质的一部分来自学习，所以它具有社会性的特点，即这些特点反映了文化因素的内容，打上了社会影响的烙印。因此，从整体来说，素质乃是自然性与社会性的统一。自然性与社会性的关系同遗传性与习得性的统一关系基本上是一致的。

3. 内潜性与外显性

所谓内潜性，是指素质往往以潜能形式潜藏在主体内部，尚未表现出来，等待予以开发。潜能并不神秘，它是人的心理、养成素质形成与发展的可能性。只有创造必要的条件，把人的潜能开发出来，即把素质的内潜性充分发挥出来，才能使此种可能性转化为现实。人的素质一旦形成之后，它往往又会在人的活动中与行为上表现出来，他人只要注意观察，就可以了解某个人的素质水平的高低与优劣。可以说，一个人的为人处世、待人接物均可以反映出其素质状况，而一个人的素质状况也可以表现出其真正的为人。这乃是素质外显性的具体内涵。因此，从整体来说，素质乃是内潜性与现实性的统一，这个统一也就是可能性与现实性的统一。可能性是现实性的前提，现实性则是可能性的转化，只有二者的统一，才能形成完全意义的素质。

4. 稳固性与可塑性

所谓稳固性，就是无论是素质先天具有的自然特点，还是后天习得的社会品质，都是不大容易变化的，而且它在人的一生中，会产生较为长期的稳定效应。可塑性又称发展性，即素质产生与形成后，虽然有一定的稳固性，但它并非一成不变，而是在一定的条件下，也可以发生某种程度的改变。正因为素质是可以改变的、发展的，所以它就具有"可塑性"。因此，从整体来说，素质乃是稳固性与可塑性的统一。稳固性是可塑性的基础，可塑性是对稳固素质的改变与提高；可塑性是形成稳固性的手段，稳固素质是可塑手段所追求的目标。二者的统一，可以不断地提高人的素质水平。

5. 整体性与个别性

素质的整体性有两种含义:一是各种素质密切联系、相互渗透,使素质构成一个有机整体;二是素质发挥整体功能。这两个含义实质上是一回事,即正因为素质是一个有机整体,所以它才会产生整体效应。素质的个别性也有两种含义:一是各种素质虽然密切联系而不可分割,但它们又具有相对的独立性;二是各种素质各自发挥作用。这两个含义实质上是一回事,即各种素质是相对独立的,所以它们才会各有各的功能。因此,从整体来说,素质乃是整体性与个别性的统一。因此,我们既要看到素质整体性的一面,让它发挥整体效应,又要看到其个别性的一面,让各种素质独自发挥功能。只有把二者统一起来,才能充分发挥出素质在人生中的价值。

6. 群体性与个体性

所谓群体性,即群体具有共同的素质。因此,素质的群体性又可叫作素质的共同性。正是在这个意义上,我们才有民族素质、国民素质、公民素质、干部素质、教师素质等说法。诸种素质即群体素质或素质的群体性。个体性指各个人具有不同的素质。因此,素质的个体性又可叫作差别性。例如,政治素质、思想素质、文化素质、科学素质等,在某种意义上也可以说是个体素质或素质的个体性。因此,从整体来说,素质乃是群体性与个体性的统一。而这个统一,实质上就是共同性与差别性的统一。众所周知,共同性与差别性是难以分割的,即共同性中包含有差别性,差别性中亦蕴藏有某些共同性。只有辩证看待二者,才能理解与把握素质的真谛。

(三)素质的类别与关系

1. 素质的类别

素质的类别是一个重要而复杂的问题,但也是一个应当认真讨论以取得共识的问题。本书就三类六种素质的类别划分如下:

(1)身体素质,亦称生理素质。它指人们与生俱来的感知器官、运动器官、神经系统,特别是大脑在结构(解剖)与机能(生理)上的一系列稳定特点的综合。身体素质还应当包含人们生来即有的一些本能在内,如吃喝本能、防御本能和性本能等。由于这些解剖生理特点与本能都是遗传得来的,因而可以说,身体素质乃是一种先天因素占主导的素质。

(2)心理素质。它是人们以身体素质为基础,在教育与环境的影响下,通过学习等实践活动而获得的一系列稳定的心理品质,主要包括认识——智力因素品质与意向——非智力因素品质。由于人们的心理品质是以身体素质为基础在后天的生活与活动中习得的,所以可以说,心理素质乃是先天因素与后天因素的"合金"。

(3)养成素质,包括文化素质、科学素质、道德素质、政治素质。它们是人们在选择、适应与改造社会环境的过程中逐步形成起来的一系列稳定社会性品质的综合,由于这种种品质都是在实践活动中获得的,因而可以说,养成素质乃是后天因素占主导的素质。

2.三类素质之间的辩证关系

三类素质之间的关系,可用相互联系和相互影响来表示。三类素质虽然各自具有相对的独立性,但三者并非截然分割的,而是紧密联系的。其实,在身体素质中就蕴含有一定心理的、养成的成分,如本能,它属于身体素质,但也是心理的东西;又如,人脑的种种特点当然是身体素质的重要组成部分,但人脑也蕴含有养成性,人类世世代代所积累的社会经验在人脑的长期进化中就有所积淀,可以说,人脑的养成性乃是它不同于动物脑的根本标志。马克思主义指出,在人的身上已没有纯粹的自然本性,它打上了社会本性的烙印。这一观点充分地肯定了身体素质与养成素质的影响性。养成素质本质上就是心理素质,为了强调人们选择、适应与改造社会环境的心理能力的重要性,把这一部分从心理素质中抽取出来,总称之为养成素质。心理素质是以身体素质为基础,在不断接受文化教育、社会环境的影响中形成的,这就表明心理素质与身体素质、养成素质具有难以分割的关系。

3.三类素质的地位和作用

三类素质中,身体素质是基础层,心理素质是中介层或核心,养成素质是最高层。这就把三类素质在素质结构中的地位与作用揭示了出来。

（1）身体素质是其他素质的基础。身体素质是另两类素质形成和发展的物质基础。很明显，必须有健康的感觉器官，才会有正常的感知；必须有健全的运动器官，才会有正常的活动；也只有具备健康并健全的神经系统与大脑，人的一切心理活动才会健康，综合素质才会保持良好状态。

（2）心理素质是其他素质的中介或核心。所谓中介，一般有两层含义：一是事物各阶段从低级向高级发展的中介，没有这个中介，事物就无法从此阶段飞跃到彼阶段，这个中介可以称为过渡环节；二是事物各组成因素相互联系的中介，没有这个中介，各因素就会像一盘散沙，无法被组合在一起，这个中介可以称为中间环节。素质像一切事物一样，既有纵向联系，也有横向联系。在这两种联系中，心理素质都发挥着中介的作用，即在纵向结构中，心理素质是身体素质发展到养成素质的中介；在横向结构中，心理素质又是两类素质相互联系的中介。无论从它的哪种中介作用来看，心理素质都处于核心地位，发挥着核心作用。

（3）养成素质是其他素质的调节者。养成素质是素质结构的最高层。一方面，它建立在身体素质与心理素质的基础之上，即身体素质是它的物质基础，心理素质是它的心理基础；另一方面，它一经形成之后，又反转来支配、调节人的身体素质与心理素质。众所周知，世界观是属于养成素质范畴的，而世界观又是人的一切心理与行为的最高调节者。据此，完全可以顺理成章地说，人的养成素质乃是人的身体素质与心理素质的最高调节者。

二、素质教育的特征

（一）素质教育的含义

人的素质不但涉及人的生理遗传表现出来的特征，如肌肉发达水平、速度耐力、肺活量等，更重要的指后天经过学习所获得的各种社会属性，如观念意识、思想品德、价值取向、情操情趣、文化修养等的综合反映。我们所说的素质教育就是建立在对素质的这种社会性理解上，因此，素质教育本质上应是面向全体学生的教育,素质教育的目的也就是"教人成为社会的人"。"人是一切社会关系的总和"在素质教育中能得到最为充分的体现。因而,我们可以据此得出素质教育的概念,即指依据人的发展和社会发展的实际需要,全面贯彻党的教育方针,以全面提高全体学生的基本素质为根本目的,以培养学生的创新精神和实践能力为重点,通过各种科学有效的途径,造就"有理想、有道德、有文化、有纪律"的德智体美劳全面发展的社会主义事业的建设者和接班人。

素质教育有三个要义:其一是面向全体学生;其二是德、智、体、美全面发展;其三是让学生主动发展。

(二)素质教育的重点

教育是人类生存本能的延伸。在这个充满竞争的世界里,在这个"信息爆炸"的时代里,每个人都要从人类未来社会的生存与发展着眼调控自己的行为,着力开发智力,培养人格,不仅要关心自己和家庭,还要关心国家、民族,关心他人,关心人类道德,关心地球和宇宙真理。以公平为基本价值取向,崇尚提高人的素质,培养学生发现问题、研究问题、解决问题的能力,已成为世界教育改革的主流。

1. 重视教育对象主体能动性的发挥

实施素质教育,就是充分发挥教育对象的主观能动性、创造性,为学生今后步入社会生活准备各种发展的可能。就要设计多种方案发挥教育对象在诸如运动、观察、实践、思考、审美等方面的主观能动性,唤醒学生的自主意识,并通过自身的创造性活动,不断开辟未来、塑造自我。

2. 重视非智能因素的培养

非智能因素是指与心智(认识)过程直接相关的情感过程和意志过程,它们都是心理现象中不同过程的内在统一。人的成熟与发展,除了智能因素外,还有非智能因素的影响,而且非智能因素是智力发展的可靠保证。正是非智能因素的差异,如兴趣的浓厚程度、意志的坚强程度、道德品质的高低等,造成个体智力发展的不均衡。可以说,非智能因素是影响智能发展的重要条件。当然,实施素质教育并非只是把非智能因素作为提高教育对象智能水平的手段,非智能因素本身的培养也是素质教育的目的,如文学艺术教育中的情感因素、科学研究中的创新精神、道德伦理中的理想情操等,都是教育对象应该具有和不断完善的。

3.重视学生创造思维能力的培养

素质教育所指的创造能力,是指外在的因素或条件在教育训练的过程中,内化为教育对象自觉进行思维活动的一种内在力量,更准确地说是一种勇于创新的意识,一种勇于创新的内在需求,最重要的是创造性思维和创造性想象。素质教育对于创造能力的培养,首先是要注意培养学生的基本能力,具体包括观察和发现问题的能力、自学能力、想象能力、实践能力。其次是要在学习和研究的方法上培养创新能力。现代高等教育中非常重视归纳法,特别是以此方法培养学生的创新能力。摆一堆材料或罗列一些现象,不做提示或只做必要的提示,让学生自己去思考,自己去寻找其中的联系并得出结论。学生在这种探索中观察能力、组织能力等得到锻炼,创新的兴趣和动力也被激发和培养起来了。因此,素质教育在教学方法上除了重视演绎方法外,更应该重视归纳方法的运用,以利于教育对象创新能力的培养。

4.重视学生健康人格的培养

所谓人格,是指现实中有特色的个人,是人经由社会化获得的,具有内在统一性和相对稳定性的个人特质结构,是人思想和行为的总和。现代大学生健康人格,是一个以进取性为重要特征的,由进取性、创造性、协调性三个精神要素有机组合而成的,具有若干优良品格的全面发展的人格。

人们常说:"不会做人,何以做事",高等教育首先应该教导学生学习如何做人,如何做一个有理想、有道德、有社会良知和社会责任感的人。在学生群体中,需要我们去言传身教做人的准则,做人的标准,做人的道德规范,进而把教育学生如何做人的过程变成实施健康人格教育的过程。学生通过健康人格教育不但懂得了怎样做人的道理,而且学会了如何做人的技能,使他们形成较高的人格魅力,为自己的健康成长奠定良好的基础。

(三)素质教育的主要特征

1.基础性与成功性

素质教育的基础性特征体现在素质教育中是培养学生"为人生做准备"所应具有的方方面面的基本素养、基本能力、基本知识、基本技能,以适应未来社会广泛的职业需要。

素质教育力求弥补在传统的教育方式、方法上只注重灌输式而忽视创造思维开发的缺憾,力争教育的创新性。素质教育最重要的就是培养学生强烈的创造欲望、创造意识,组织学生的创造行为,鼓励学生自己去发现问题,找出解决问题的各种方法和途径。素质教育要求教师创造一个特殊的环境,一种新异的方法,让学生的创造才能得到充分发挥。通过素质教育形成学生完整丰富、独立健康的人格、精神风貌及精神力量,培养学生的现代社会意识。通过素质教育,将个体的发展与社会的发展有机地统一起来,从而促进个体与社会的共同发展。

心理学的研究告诉我们:每一个人生来都具有追求成功、避免失败的心理倾向;每一个人都欲取得成功;每一个人只要努力都可以取得成功。这三条带有规律性的东西,就构成人们的成功心理或成功意识。所谓素质教育的成功性,就是必须尽可能创设条件,保证每一个学生都能获得某种成功,也就是要保证他们都能达到一定的素质水平。

2.全体性和全面性

素质教育的全体性是指素质教育不是面向部分人,而是面向全体人。它不是一种选择性和淘汰性的教育,而是一种使每个人都能在他原有的基础上得到充分发挥的教育。素质教育要求平等,尊重每一个学生,但它又反对教育上的平均主义。

素质教育的全面性是指以提高全体国民素质为宗旨,通过实施素质教育,培养德、智、体、美、劳全面发展的社会主义现代化的建设者和接班人。它重视国民的共同素质教育和专业系统教育的统一,重视学生的知、情、意、行及智力因素和非智力因素的全面和谐发展,重视德、智、体、美、劳在每个学生身上的具体落实。因此,素质教育是以促进学生政治道德素质、科学文化素质、身体心理素质等全面提高和发展为目的的教育。

3.发展性和个性化

素质教育的发展性特征是指促进学生个性的发展。通过素质教育帮助学生充分、自由地发展自己的兴趣、爱好、特长、自主性、独立性和创造性,培养个体的学习能力,调动学生的学习动机,使学习成为学习者的主动过程和为学习者推动的过程,从而使自己的个性在不断的学习过程中得到充分发展和完善。

素质教育既承认人与人在基本素质上是相同的或相近的,同时又看到人与人之间存在着很大差异。人的基本素质的相同性,为每个人的发展提供了多种可能性。而在环境和教育的影响下,每个人的主观能动性不同,使人与人之间的差异是绝对的。素质教育是从人的差异出发,通过教育过程,使每个人在原有的基础上得到发展与完善。素质教育不赞成教育上的平均主义,是因为它不是消除差异,而是通过人的态度和价值观的变化,形成一种自我激励与约束的内在机制。

4.交互性与层次性

交互性指各种素质交互作用,你影响我,我影响你。它又可以称为制约性。这种交互制约表现为两个方面:一是相互促进、一荣俱荣,即某一种素质教育的水平高,其他素质教育的水平也会跟着提高;二是相互促退、一损俱损,即某一种素质教育的水平低,也会降低其他素质教育的水平。据此,在开展素质教育时,我们对各种素质教育必须全面顾及,综合考虑,而不要顾此失彼,或重彼轻此。正因为这样,智育第一或德育首位的提法都是不科学的。

层次性有两方面的含义:其一,人的三类素质是有层次的,生理素质是基础层,没有这个物质基础,心理素质、养成素质就会如海市蜃楼,转瞬即逝;心理素质是核心层,它既影响生理素质的水平,更影响养成素质的质量;养成素质是调节层,它一方面要以生理素质、心理素质为基础,另一方面又给这两个层次的素质打下了一定的社会烙印。素质的层次性决定了素质教育的层次性。我们必须重视这三类素质教育,以发挥三类素质的基础、核心或调节作用。其二,各种素质本身也具有从低级到高级、从简单到复杂的多层次性。在各种素质教育中,我们应当考虑这一特点,以便制定不同层次的教育目标,选择不同的教育内容,运用不同性质的教育方法。

交互性与层次性是统一的。交互性是从事物的横向讲的,层次性则是就事物的纵向说的,事物的纵横交错,决定了交互性与层次性的统一。

5. 内化性与外化性

人的素质除生理素质是先天具有的以外,心理素质与养成素质都是后天习得的,而且生理素质也需要从外部获得某些东西才能得以发展和提高,就是说,归根到底,属于学生内部的主体素质,都是由外部的客体的东西转化而来的,这也就是所谓的素质教育内化性。根据这一特点,我们必须抓住内化这个关键,才能使素质教育落到实处、收到实效。有内化就有外化。学生通过素质教育的内化养成种种素质后,还必须立足于自己的素质去参加实践活动,运用自己的素质去解决实际问题。也就是说,属于学生内部的主体素质,还要转化为外部的客体的东西,这就是所谓的素质教育外化性。在实施素质教育时,我们在抓内化的过程中,还应当及时地抓住外化不放,以培养学生的实践能力。

内化性与外化性是统一的。物质变精神,"纳有形于无形"是内化;精神变物质,"通无形于有形"是外化。这是同一过程的两个相辅相成的阶段(环节)。素质教育是一个不断内化与外化的过程。唯其如此,素质才会"日生日成"。

6. 理论性与实践性

所谓理论性是指素质教育是一种教育理论、教育思想、教育观念,其理论性是十分凸显的。它在我国的出现与推行,虽然时间短暂,但实际上,它继承了古今中外的一切有价值的教育理论、教育思想与教育观念,反映了人类世世代代所积累的丰富教育经验。当然,素质教育理论还不大成熟,还需要更多的有识之士去探索它、丰富它。素质教育不仅继承了古今中外的教育理论,同时它还是历代特别是当代教育长期实践的结果。素质教育思想来自教育实践,又指导教育实践,这就是其所谓实践性的含义。这一特点要求我们,必须把素质教育付诸实践,全面推进。实践是检验真理的唯一标准。唯有通过实践,才能使素质教育扎下根来,成为我国21世纪教育改革与发展的主旋律。

理论性与实践性相统一。素质教育不是局部"治标"式的教育改革,而是一种从理论到实践、从思想到行动的全面"治本"式的教育改革。这充分地说明了素质教育是理论性与实践性的统一。

7.民族性和时代性

不同的民族、不同的时代对素质教育的要求不尽相同,所以素质教育又带有一定的民族性特征和时代性特征。一个民族在与社会的相互作用中,表现出两种目的性:一是生存的目的,二是发展的目的。这就要求一个民族具有在特定的环境中生存和发展所必备的素质。素质教育的任务就是要扬民族素质之长,弃民族素质之短,最终提高整个民族的素质,这就是素质教育的民族性。由于社会的不断发展、进步,新时代要求人的素质,尤其是民族素质不断更新、完善。

素质教育要从人的发展角度出发,主动适应科技和社会的发展要求,跟上时代的步伐,促使人得到更广泛的发展,即素质教育具有时代性特征。现代人所关注的素质教育不是以目前升学或就业作为自己的直接目标,其立足点应是面向21世纪的需要。当代人应该从知识范围、能力系统、心理状态等方面大大超过前人,成为时代的成功者。因此,素质教育所确立的教学计划、教材和培训方式都是面向未来的。从某种意义上说,这是教育价值观的一个大变化。

第二节　廉洁教育与素质教育的内在同一性

一、廉洁教育与素质教育内容相通

通过对素质教育内涵的分析能够看出,廉洁教育与素质教育具有内在同一性。二者均具有深厚的时代背景,廉洁教育目的在于帮助受教育者树立正确的观念,让受教育者能够做到干干净净做事、清清白白做人,同时培育受教育者的良好的品质,例如正直、节俭等,促进其之后的可持续发展。而素质教育的目的以关注人的发展为灵魂,注重在教育中全面提高人的整体素质,提升个人的品质,发挥个人的潜力和潜能,其中就包括廉洁教育所倡导的为人正直、勤俭节约等。二者内容互通、相辅相成,最终都是为了使受教育者提升素质,得到更好的发展。

二、廉洁教育与素质教育特征相似

在新时代,廉洁教育被赋予了重要使命,尤其针对大学生所开展的廉洁文化教育,更是当今时代高校提升学生素质、完成立德树人任务中不可或缺的重要组成部分。

(一)廉洁教育与素质教育具有时代性

廉洁文化作为中华优秀传统文化的基本要素之一,从古至今,从先秦时代到明清,一直在不断丰富。廉洁文化兴起于商周且形成于春秋战国的民本思想中,注重廉仁下的为政爱民。在儒家学派中,孟子提出"富贵不能淫,贫贱不能移,威武不能屈",强调人在为官时,要保持不贪取不应得钱财的态度,清廉正直,要有清清白白的行为、光明磊落的态度。孔子提出"修己以安百姓",荀子提出"君者,舟也;庶人者,水也;水则载舟,水则覆舟",其核心都是在表达统治者的江山维护是建立在要关心爱护百姓,清廉执政,心怀天下的基础之上的。中华人民共和国成立之后,廉洁文化体现为全党人民的"全面的、持久的厉行节约",将勤俭节约作为现代化建设的基本方针。

同样,素质教育的内涵也随着时代的变迁而不断丰富扩充,在不同的时期有着不同的理解和诠释。素质教育概念的提出初期,其内涵主要包括德、智、体、美四个方面。人们普遍认为,一个优秀的人才不仅需要具备扎实的学科知识,还需要具备良好的道德品质、强健的体魄和一定的艺术鉴赏能力。这一阶段的素质教育强调的是个体全面发展的理念,旨在培养出既有知识能力,又有良好品质的全面发展的人才。随着社会的发展,对人才的要求也在不断变化。在知识经济时代,创新精神和实践能力逐渐成了素质教育的核心。这一阶段的素质教育强调的是培养学生的创新思维、批判性思考、解决问题的能力以及动手实践的能力。这是因为在这个时代,拥有创新思维和实践能力的人才更能够适应社会的发展需求,同时也更能够在工作中发挥出更大的作用。在当前阶段,核心素养和终身学习的理念在素质教育中占据着重要地位。核心素养包括批判性思维、沟通能力、团队合作、自主学习等能力,这些能力对于学生的未来发展具有重要意义。终身学习的理念则强调在不断变化的社会环境中,具备持续学习的意识和能力,以适应不断变化的工作和生活需求。素质教育的内涵从德智体美劳全面发展到创新精神和实践能力,再到核心素养和终身学习,其内涵的不断发展都是为了适应社会对人才培养的需求。同时,随着科技的不断进步,信息技术、人工智能等新兴领域也可能将成为素质教育的组成部分,帮助学生更好地适应未来的社会变革和发展,具有较强的时代性。

当前,世界正处于一个百年未有之大变局中,面临着复杂多变的政治、经济、文化等各个方面的巨大挑战,人们的认知边界、价值选择、行为方式等都在不断地受到冲击。在这个时代背景之下,大学生作为当代社会中的中流砥柱,廉洁教育对其成长成才的重要性不言而喻。

(二)廉洁教育与素质教育具有长期性

任何教育都需要一个时间周期,廉洁教育也不例外。如果只单纯凭靠几次廉洁讲座或者教师授课,是无法达到廉洁教育的真正目的的。廉洁教育作为一种认知教育、价值观教育,更多地体现了文化的反腐败、倡廉洁战略,本身就具有长期性和缓慢性,不可能通过几次教育或者短期教育就达到立竿见影的效果,需要长期坚持,还有可能遇见反复,必须有长期作战的信念才能真正达到预期效果。而素质教育更是从一名学生自接受教育初始,便一直持续到他们最后毕业。甚至是毕业之后到社会中,仍然都还有可能接受着不同程度的素质教育的熏陶。例如,在目标上,素质教育的目标不仅仅是提高学生的知识水平,更重要的是培养学生的综合素质,包括道德素质、心理素质、身体素质、审美素质等。这些素质的培养无一不需要一个长期的过程,这些素质的培养都需要学生在日常学习、生活和实践中不断积累和提高。廉洁教育想要培养的诚实正直、志趣高洁的大学生的目标,也不是一朝一夕就能完成的,需要经过长期的理论的洗礼、实践的锻炼才能达成。在内容上,素质教育的内容不仅仅是书本知识,还包括社会实践、科技创新、文化体育等多个方面。这些内容可以帮助学生拓宽视野,增强社会责任感和创新能力。而学习这些内容也需要一个长期的过程,需要学生在不断尝试和探索中逐渐掌握和运用等。廉洁教育中的社会实践,也不是通过某一次的实地参观就能够让大学生一夜之间成为一个品质廉洁、志趣高洁的人。无论是素质教育还是廉洁教育,老师的讲课就像是播撒一枚种子一般,想要这颗种子发芽、开花、结果,需要长期的教育来进行灌溉。教师要从每个学生的长远发展出发,注重学生的个性化需求和多样化的学习方式,为学生提供多样化的学习和发展机会,而这必定是一个长期的过程。

(三)廉洁教育与素质教育具有层次性

廉洁教育的层次性主要是指在对受教育者进行教育时,需要根据受教育者不同的身份、年龄,以及不同学习阶段等,按照一个由整体到局部、一般到个别的层次有序进行。以大学生为例,对他们进行廉洁教育,需要充分考虑他们的年龄差异、阅历差异、学习差异以及他们自身个人综合素质发展的差异,对其进行层次化的教育。大一新生刚刚进入大学校园,对于教育模式的认知还停留在初高中的阶段,对大学的教学模式以及教学方式都还不太熟悉,并且其中大部分学生是初次离开家庭独立生活,又正处于这个心理和生理虽趋于成熟但却不稳定的时期,在他们身边可能充斥着各种各样的诱惑,对他们的廉洁教育更主要的是注重加强法律法规的常识教育和诚信教育等一些常规教育,培养他们的法律法规意识,让他们知道什么能做、什么不能做,为他们的成长划定红线。而到了大学中期阶段,学生已初步适应大学生活,同时对自己的未来有了规划,此时对他们的廉洁教育就不能仅仅停留在普法学法层面上，更要注重帮助他们树立良好的廉洁品德、品行，让其能够成为一个志趣高洁、廉洁修身之人，帮助他们正确地看待他们在学校甚至在社会上所面临的一些事情和现象，坚守本心，培养他们的社会责任感，使之成为一个正直诚信、有责任担当的人。面对即将毕业的学生，则需要着重进行职业道德教育以及廉政教育，帮助他们树立正确的择业观、就业观，以便他们在择业时、就业后都能够得到良性、可持续发展。对于不同专业的学生，应结合他们未来就业的方向、职业岗位的特点，进行不同的廉洁教育。

素质教育的目标、内容、评价等方面都具有层次性。素质教育的目标不是单一的，对于不同年龄段的学生有不同的学习目标和要求。例如，在目标方面，对于小学生，素质教育的主要目标是培养他们良好的学习习惯和道德素养，如诚信、尊重他人、责任感等；而对于初中生或高中生，素质教育则更加注重学科知识的掌握和运用能力，以及思维、创新、实践等方面的能力培养。而在内容方面，在教育过程中，应根据学生的年龄段、认知水平、兴趣爱好等因素，设计不同层次的教育内容。素质教育的评价同样具有层次性。例如，对于不同年龄段的学生，就不能采用同种评价方式。对于小学生，评价应以鼓励和引导为主，以增强其自信心和学习动力；而对于大学生，则可以采用更加严格的评价标准和方法，以促进其全面发展。

综上，廉洁教育与素质教育无论是从时代性，还是长期性，抑或是层次性上，都有着相同的特征，都需要从学生的长远发展出发，紧跟时代发展，通过长期的、系统性的教育，才能培养出更多社会优秀人才，为社会的可持续发展做出积极贡献。

三、廉洁教育与素质教育功能互补

（一）传承优秀文化，彰显文化自信

我们所强调的文化自信，不仅仅是对现有文化的自信，还包括对中华优秀传统文化的自信。这份自信源于我们深厚的文化底蕴和历史积淀，

也体现了我们对民族优秀文化的传承和发扬。素质教育对于传承中华传统文化的重要性不言而喻,但现在大多数人听到"廉洁"二字,往往都以为与自身无关,更多的是去要求一些官员领导廉洁从政,这就导致了一种误解,似乎只有官员才需要廉洁,而普通人则无需关注。所以素质教育有时可能会忽略掉廉洁教育的内容,但中华优秀传统文化中也蕴含着许多关于廉洁、正直等道德观念的内容,这些观念都是我们民族优秀文化的重要组成部分。例如,在古代,对于官员的选拔与任命,往往以"廉洁"为标准,并且其往往居于前提性和基础性的地位。例如,《周礼·天官冢宰》中提到了:"以听官府之六计,弊群吏之治。一曰廉善,二曰廉能,三曰廉敬,四曰廉正,五曰廉法,六曰廉辨。"其意为:用评判官府的六计来判断群吏的政绩:一为是否廉洁并且善于办事,二为是否廉洁并且推行政令,三为是否廉洁并且谨慎勤劳,四为是否廉洁并且公正,五为是否廉洁并且守法,六为是否廉洁并且明辨是非。足以看出古代对于官员的选拔和任用,廉洁是其中一个非常重要的考量因素,也可说明自古以来,廉洁便占据着重要的地位。廉洁教育与素质教育不仅都能传承和弘扬中华优秀传统文化,同时二者之间可以形成互补,廉洁教育更好地补充了素质教育中的相关内容,素质教育也为廉洁教育的开展奠定了强有力的基础。

(二)落实立德树人,促进学生成才

教育的根本任务在于立德树人,无论是素质教育或是廉洁教育,都以为党育人、为国育才为根本目标,力求培养出中国特色社会主义的合格建设者和可靠接班人。大学生作为国家的未来、民族的希望,如何对他们进行教育关乎党的后续发展,关乎中国特色社会主义事业的兴衰成败。

素质教育与廉洁教育强调学生的品德教育,注重培养学生的道德素养。通过引导学生树立正确的道德观念,培养学生诚实守信、廉洁自律等各方面的品质,这些品质是学生未来走向社会、成为有用之才的必备素质;同时帮助学生建立正确的价值观,增强学生的社会责任感。通过素质教育与廉洁教育可以引导学生三观的正确树立,认识到自己的行为对社会的影响,最后促进学生成才。素质教育与廉洁教育为学生提供了正确的道德指引。当学生意识到如诚信、廉洁等品质对于个人成长和社会发展的重要性时,他们会更加愿意学习相关内容,改变自己的行为,也能通过所学到的内容及时纠正不良行为以及预防不良行为。

(三)健全防腐体系,建设诚信社会

2005 年中共中央发布的《建立健全教育、制度、监督并重的惩治和预防腐败体系实施纲要》中明确指出:反腐倡廉教育要面向全社会,把思想教育、纪律教育与社会公德、职业道德、家庭美德教育和法治教育结合起来;大力加强廉政文化建设,积极推动廉政文化进社区、家庭、学校、企业和农村;同年,教育部出台的《关于在大中小学开展廉洁教育试点工作的意见》明确指出:在大中小学开展廉洁教育试点工作,是建立健全党风廉政建设和反腐败工作长效机制的必然要求。2007 年教育部又出台了《关于在大中小学全面开展廉洁教育的意见》,2008 年中纪委、教育部、监察委联合出台了《关于加强高等学校反腐倡廉建设的意见》,以及《关于加强直属高校查办违纪违法案件工作的意见》《建立健全教育、制度、监督并重的惩治和预防腐败体系实施纲要》《中共教育部党组关于深入推进高等学校惩治和预防腐败体系建设的意见》《教育部机关和直属单位建立健全惩治和预防腐败体系实施办法》《教育部直属单位领导班子和领导干部改进工作作风的规定》《高等学校领导班子及领导干部深入解决"四风"问题有关规定》等一系列文件的推行,进一步推动防腐体系的建立健全。国家种种文件的出台,都在提醒着我们,廉洁对于一个国家来说多么的重要。廉洁教育对于健全防腐败体系,贯彻落实国家相关要求,有着重要的意义。

素质教育对于健全反腐败体系,建设诚信社会关系重大。从每个人进入学校学习开始,素质教育便相伴而行,一直延续到他们进入大学,甚至进入社会后,仍会继续接受素质教育的潜在熏陶。素质教育的目标是培养德智体美劳全面发展的社会主义建设者和接班人,素质教育所带给学生的,是帮助他们树立正确的世界观、人生观和价值观,提供正确的道德指引,约束他们的行为,培养他们的品质,而这些,则正是防腐体系建设所需要的。在防腐败体系的建设中,它通过培养学生的道德观念和行为习惯,帮助他们形成正确的人生观和价值观,从而自觉地遵守社会道德规范和法律法规。这样不仅有利于防止他们自身发生腐败行为,还能在社交环境中营造出廉洁、诚信的氛围,进而对整个社会的防腐败体系起到积极的推动作用。在建设诚信社会方面,素质教育同样扮演着举足轻重的角色。诚信是现代社会的基石,也是构建和谐社会的关键,通过素质教育,学生能够了解诚信的重要性,以此来培养他们的诚信品质和责任感。这样不仅有助于他们在个人生活中树立起诚信的形象,还能在未来的职业生涯中促进诚信社会的建设。

四、廉洁教育与素质教育方式一致

廉洁教育与素质教育从教育理念、教育对象、教育方法以及教育成效方面都有着许多相同之处。

(一)在教育理念方面

素质教育和廉洁教育都强调了人的全面发展和素质提升。素质教育旨在培养学生的全面素质,包括道德素质、文化素质、身体素质、心理素质等方面,以实现学生全面发展为目标。这种教育强调学生应该在知识、技能、情感、态度、价值观等多个方面得到发展,成为一个全面发展的人。廉洁教育则是以廉洁理念为核心,培养学生的清廉自律意识和社会责任感,提高学生的道德判断力和行为选择能力,使学生成为具有高尚品德、健全人格和较强社会责任感的人。这种教育强调学生应该具备诚实守信、遵纪守法、公正廉洁等道德品质,以成为一个有道德、有责任感的人。

(二)在教育对象方面

素质教育和廉洁教育的教育对象都是全体学生,不分年级、性别、民族、家庭背景等。无论是素质教育还是廉洁教育,都面向全体学生,致力于促进学生的全面发展和素质提升,强调培养学生的基本素质和道德品质,同时也关注学生的个性差异和年龄区别,根据不同的年纪,对其进行不同的教育。

(三)在教育方法方面

素质教育和廉洁教育除了理论观念的教授,还非常注重实践育人,通过开展各种实践活动,如社会实践、志愿服务、文化体育活动等,让学生在实践中感受、体验、领悟,提高自身的综合素质和社会责任感;提倡多元化教育,尊重学生的个性差异和特长爱好,因材施教,培养学生的综合素质和多元化发展;倡导多元化评价,不以单一的考试成绩为评价标准,而是综合评价学生的各方面表现;侧重加强家庭教育,认为家庭教育对学生素质培养至关重要,倡导家长与学校密切配合,共同推进素质教育和廉洁教育的实施。

(四)在教育成效方面

素质教育和廉洁教育都是为了实现立德树人的根本任务,培养中国特色社会主义合格建设者和可靠接班人。这两种教育都注重学生全面素质的提升和社会责任感的培养,使学生在德、智、体、美、劳全面得到发展,形成健全的人格和积极向上的价值观。在提升自我的同时,也为学生后续进入社会后持续良性发展奠定基础。

第三节 廉洁教育为大学生素质提升固本培元

廉洁教育的目的在于培养大学生的廉洁认知、廉洁意志、廉洁行为,同时为大学生营造良好的廉洁氛围,不断增强大学生的廉洁意识,形成崇德向善、正直节俭的廉洁品质,提高大学生拒腐防变能力,推动大学生形成正确的廉洁价值观,形塑大学生的廉洁素养。

一、树立正确观念提升素质

(一)提升廉洁素质

廉洁认知是指大学生对于廉洁准则、廉洁规范等观念体系的认识和在此基础上形成的个体观念,以及对廉腐、清浊、美丑等的评价。人的认知有正确的也有错误的,如果不通过相应的教育去学习了解认知的对错,那么也就不能树立正确的观念。通过搭建廉洁教育平台,建设如清廉书屋、廉洁文化校企双师资源库、编撰活页案例教材等,使大学生能够全面地了解清正廉洁的价值观念,对廉洁、腐败做出正确的判断与评价,让他们真正认识到公私、廉腐、俭奢之间的关系,并且在实践中能够真正感受到廉洁文化的魅力。廉洁教育也不仅仅是树立正确的廉洁观念,对大学生其他观念的培养与形成也起着至关重要的作用。

(二)提升道德素质

道德是在一定道德理想、道德情感、道德判断的基础上,经过严格的道德自律达到的较高道德水平。培育大学生的道德素养,有助于"为奋进新时代、共筑中国梦"提供强大精神力量和道德支撑。例如,开展大学生廉洁教育,讲述自古以来廉洁从政思想、官员廉洁从政的真实案例,培育学生家国情怀,树立报效祖国、奉献社会的道德理想。在价值多元的今天,如果缺乏正确道德认知的统一引导,就会扩大道德失序的风险。廉洁教育为学生提供了一套正确的道德引导,有利于引导学生自觉抵制拜金主义、享乐主义、极端个人主义、历史虚无主义等错误思想,追求更有高度、更有境界、更有品位的人生,形成崇德向善、见贤思齐的道德认知。当今时代的道德建设,既要体现道德认知的统一标准,又要实现不同群体的各有侧重。大学生的廉洁教育,不仅仅是单纯的普法教育,更多的是要注重培养他们的品质来帮助他们在未来的发展道路上能够成才,例如,在廉洁教育中利用廉洁为官的真实案例,突显从政者一心为民,从群众中来到群众中去的思想,同时也正是因为从政者能够心系人民,才能够在自己的事业上做出成绩,来培养学生具备仁爱之心,心系人民的道德情感。大学是立德树人的关键场所,道德自觉的形成,不仅是道德主体从感性意识到自我意识再到自为意识的发展过程,更是将"德"在实践过程中主动内化,达到"知"与"行"的辩证统一。当今,功利主义和个体主义思潮相互交织,个人利益与利他精神相互博弈。在此背景下,大学生的自律精神显得越发珍贵。而廉洁教育则正是能够培养大学生的自律精神,形成知行合一、止于至善的道德自觉。

（三）提升人文素质

首先，人文素质既包括对于人文知识和技能的掌握，也包括文化素质和精神品格的培养。廉洁教育的核心是反对腐败，强调道德自律和公正公平。在进行教育的同时可以帮助大学生形成对自身和他人的尊重，以及对社会公正的追求。其次，在廉洁教育中所强调的诚实守信、为人正直，也正是人文素质中的重要组成部分。再者，廉洁教育过程中所展现的真实案例，在一定程度上也能够激起大学生对于社会问题的关注，培养他们的社会责任感。最后，廉洁教育不仅能够提升大学生的道德判断力，帮助他们提升独立思考的能力，帮助他们在面对复杂的道德困境时做出正确的判断，还能够帮助他们形成自我管理、自我约束的能力，在面对诱惑时能保持坚定的道德立场，帮助大学生在生活中面对各种挑战时保持清醒的头脑和坚定的决心，从各个方面提升大学生的人文素质。

（四）提升心理素质

培育大学生的心理素质，就是要培养大学生良好的性格、积极的情绪、坚强的意志和健康的人格等。这不仅仅对他们个人的健康成长十分重要，对他们后续工作的良性发展也产生着重要的影响。

首先，对大学生开展廉洁教育不仅是高校人才培养的必然要求，也可以帮助他们在未来职场中拥有良性的发展。通过廉洁教育中学习党和国家关于党风廉政建设和反腐败方面的方针政策、法律法规等，开展清廉、正直、勤勉等方面的正确教育，有助于他们形成诚信正直、勤俭节约、不贪不腐的良好品质，拥有能够正确看待事物、行为的认识观，从而提升情绪的积极性、坚定个人意志、培养健康的人格心理素质，让他们更好地适应大学的生活，在面对大学中的困难与挑战时拥有一个积极的心态。其次，廉洁教育在帮助学生形成良好的品德的同时，也能够帮助学生消减原先身上存在的一些不好的观念，通过对其心理弱点旁敲侧击，利用心理学原理展开心理调适，进行心理交融、心理对比、心理激励和心理诱导，乃至进行心理干预，加大廉洁健康心理的引导力度，对原有的不良心理进行有效的抑制和排解。再者，廉洁教育在提升学生品德的同时，这些品德也能够侧面影响其人际关系的树立,能够培养学生的社交能力,在增强大学生的道德自律意识时,也能够主动辨别身边的错误行为,择善交友。

二、培养学生意志坚定信念

廉洁意志,指大学生在接受外部廉洁教育的基础上,将其内化为自身品质所需的精神动力。大学是其意志形成的初级阶段,具有不稳定性、波动性,如果缺乏意志锻炼和正确的引导,那么学生可能难以成功内化为自身品质。每个学生廉洁观的形成,从无到有、从动摇到坚定,这一系列的转变都与社会、学校、家庭的共同引导密不可分,但究其根本,培养大学生的廉洁意志其最终的落脚点还是对于个人的教育。

(一)持之以恒分层分段开展廉洁教育,久久为功

通过廉洁教育,能够帮助受教育者提高对于廉洁文化的认识,树立正确的廉洁观念,培养良好的廉洁品质,这是自古以来中华民族的共同追求,也是弘扬中华优秀传统文化的重要途径。在教育领域中,大学生是一个非常特殊且重要的群体,他们的特殊地位和未来肩负的重任,使得廉洁教育在这一群体中的开展具有更深的意义和影响力。廉洁教育的层次性特征也决定了我们在开展廉洁教育时,需要根据受教育者不同的身份、年龄,以及不同学习阶段等,按照一个由整体到局部、一般到个别的层次有序对其开展廉洁教育,以确保他们能够更好地理解和接受廉洁教育的核心内容。例如,对于大一新生,对他们开展的廉洁教育就不能全是关于如何廉洁从业的内容;同理,对于即将毕业的学生,对他们开展的廉洁教育也不能仅仅停留普及法律法规的层面上。对于党员和非党员学生,廉洁教育的内容也应该略有不同。面对党员学生,理应让他们认识到他们既然身为一名中共党员,那么就应该要在学生队伍中起到先锋带头模范作用,对于党员学生的廉洁教育就应该增加中国共产党中有关于对党员纪律要求等方面的内容。大学生肩上所肩负的重任使得在对大学生进行廉洁教育时,不仅要丰富他们的认知和提高他们的认同感,还需要进行一定的意志锻炼,以坚定他们的个体信念,帮助他们将廉洁的观念彻底、扎实

地融入自己的价值体系中,成为其价值体系的组成部分,并具有稳定性的良好品质。

　　贯穿他们大学生涯的廉洁教育也不能仅仅只是简单的对于法律法规的常识教育或者诚信教育等一系列常规教育,还需要考虑其之后进入社会后如何做到可持续发展。真正的廉洁教育,随着时间的推移,不断在潜移默化中影响和改变一个人,它需要持之以恒的内化和积累,它的真谛在于培养个体的自律精神,学会自我约束,不让自己被不恰当的欲望所驱使。正所谓:"不积跬步,无以至千里;不积小流,无以成江河。"从日常生活的点滴小事做起,诚实待人、真诚做事,生活节俭但精神世界丰富,不要因外在的不平等产生内心的不平衡,而将此作为自己努力奋斗的动力,这样才能真正培养出个体的廉洁素养。我们要学会辩证地看待社会上的事情,时刻保持对国家大事的关注和积极参与,始终以积极心态看待社会上的热点问题,对国家的反腐倡廉政策保持高度的赞同和支持,在面对贪污腐败等问题时,以主人翁的姿态合法行使自己的权利。

　　(二)坚定理想锚定目标站稳人民立场,为民务实

　　教育作为社会发展的基石,对于塑造个体的价值观具有至关重要的作用。在大学生的教育过程中,我们主要通过两种途径来传递和塑造他们的价值观。一种是道德价值观的教育,它关乎个体的道德品质和行为准则,例如诚信观和廉洁观。通过廉洁教育的实施,不仅传递了关于廉洁的重要性,还帮助学生逐渐坚定自己的道德理想,完善他们的廉洁观念,为他们的行为提供正确的方向;另一种价值观是政治价值观,这是从国家战略的角度对公民进行的规范。廉洁教育以马克思主义理论为指导,深入学习并运用其中的关于理想信念教育的理论、人民群众的理论、诚实和公正的理论以及反腐败理论等重要理论。这些理论不仅是新时代大学生廉洁教育的重要来源,也是帮助他们树立正确的政治方向、坚定自身理想信念的重要工具。无论是道德价值观还是政治价值观的确立,其本质都是通过教育让公民从心底里真正地接受、认同、内化、践行这些价值观。廉洁教育通过对于廉洁观念的深入教授和积极引导,使大学生能够从内

心深处对这些观念产生认同,进而在行动上积极践行。这种从内在认知到外在行为的转化过程,可以帮助大学生在发展过程中锚定目标,找准前进方向,并在面临各种诱惑时能够自觉坚定地抵制,培养出坚定的廉洁意志。在当今社会,腐败现象仍然存在,反腐败斗争的形势仍然严峻,这是价值观念的较量。对于大学生而言,要始终坚信前途是光明的,道路是曲折的。大学生作为中国特色社会主义事业的接班人,要有必胜的坚定信念,始终站稳人民立场,掌握正确的政治方向,对于反腐倡廉要持有乐观的态度,从自己做起,不断完善自身的廉洁观念,引导社会崇廉尚洁的良好风气。

三、引导学生行为规范自我

廉洁教育涵盖了道德、法律、价值观等多方面的教育体系,其目的之一就是培养学生具备公正、诚实、守信、廉洁的品质,并且能够将这些廉洁价值理念内化为自身价值体系的一部分,运用于平常的生活之中,达到真正的知行合一。

(一)法律法规意识,为大学生成长划定红线

道德观念是人们行为的基础,它规范着人们在社会生活中的言行,引导人们做出正确的选择和行为。法律则是社会秩序的基石,它规定了人们在社会中的权利和义务,保障了社会的公平和正义。法治教育是建设"法治中国"的基础性工程,大学生作为新时代中国特色社会主义建设者和接班人,应当深入学习和掌握法律知识,争当"法治中国"的建设者、捍卫者和践行者。大学生只有学法知法,才能够尊崇法律、敬畏法律,才能够在生活、工作中遵循法律。通过学习法律知识,大学生可以更好地理解法律的本质和作用,认识到法律对于社会的重要性和必要性。同时,法律知识的学习也有助于提高大学生的法律素养,让他们在未来的生活和工作中能够更好地运用法律武器来维护自己的合法权益。

廉洁教育中主要包含对于大学生法治价值观的教育,培养大学生形成正确的法治观。法治价值观教育包括对于法律原则、法律精神、法律意

识等方面的教育,帮助大学生树立正确的法律观念。此外,廉洁教育还包括法律知识教育,让大学生能够对我国各项法律有一个基本的了解,并且通过不断学习,能够较为熟练地掌握各项法律法规中的内容。这些法律知识的学习不仅可以拓宽大学生的知识面,还可以增强他们的法律意识和法律素养。在廉洁教育中,反腐倡廉法律法规教育是至关重要的一部分。大学生在毕业后很可能就会成为公职人员中的一员,因此让他们熟悉《中华人民共和国监察法》《中国共产党纪律处分条例》等法律法规,都能够极大地帮助他们在之后的工作中能够自觉约束自身行为。这些法律法规的学习有助于增强大学生的廉洁意识,让他们认识到腐败行为的危害性和法律后果,从而在未来的工作中能够自觉遵守法律法规,抵制腐败行为。

廉洁教育不断地通过课堂教学、主题班会、德育实践等多种方式,让学生了解法律的庄严性和约束力,传达尊重他人、诚实守信、公正廉洁等基本道德观念,使学生能够理解和接受这些观念,形成正确的道德观,在生活中遵纪守法的同时,也能在未来面对各种诱惑时坚定自己的立场,主动去规范自身行为。

(二)廉洁修身意识,引领大学生志趣高洁

如果说法律法规是约束人类行为的外在明文条款,那么个人自身的道德修养则是让其能够做到自我把控的内在约束。对大学生的廉洁教育从理论层面上来说,是通过多种方式帮助大学生深入理解廉洁的价值观念,认识到廉洁修身的意义和重要性。例如,在课堂上进行专题讲座,讲解廉洁的重要性以及在个人和社会中的作用;通过案例分析,让学生了解贪污腐败对个人和社会的危害;通过小组讨论和交流,引导学生深入思考廉洁修身的实际意义和他们在未来职业生涯中应该具备的品质。这些理论方面的教授,不仅可以让学生从思想上认识到廉洁的重要性,让他们能够从根本上理解廉洁价值观念,认同廉洁价值观,增强他们的道德意识,而且能够引导他们注重自我修养,不断提高自己的素质与能力,让他们将内在认同转化为外在行为,使他们能够自觉地追求廉洁、诚信、公正的行为。廉洁教育同时也可以帮助大学生认识到自身行为会对他人和社会产生的影响,引导他们注重自我修养,不断提高自己的素质与能力,不仅限于让他们做到自觉抵制腐败行为或者自身不产生腐败行为,而是能够在平时的日常生活中通过廉洁教育的影响,让他们成为一个品德高尚、富有责任感、有担当的人。

除了理论层面的教授之外,廉洁教育还通过实践层面的活动,例如组织学生参观廉政警示教育基地、参加反腐倡廉主题征文比赛、听取反腐倡廉主题报告等,帮助学生更加直观、直面地感受廉洁文化的重要性,深刻体会廉洁价值观对于自身成长的重要作用。如果廉洁教育仅仅是对大学生进行理论上的教授,也会让学生感到枯燥、乏味,学生也只是简单地听,那么这种类型的教育也只会成为游离于大学生思想之外的简单说教,流于表面,无法从本质上让学生真正了解和参透廉洁文化的内涵。但在参与实践的过程中,大学生可以身临其境地真正感受廉洁观对各行各业发展的需要,对社会风气的净化作用。在这样的深刻体验下,大学生会自愿将廉洁观转换为自己的价值观念,并在自身行为中表现出来。大学生也可以更加深入地了解反腐倡廉工作的实际开展情况,加深对反腐倡廉工作的认识和理解。在这个过程中,他们还可以通过实践活动接触到不同领域的人,拓宽自己的视野和知识面,这样不仅可以帮助大学生提升自身的道德修养,增强他们的社会责任感,而且还可以指引他们自觉地为社会做出贡献。

(三)廉洁从业意识,促进大学生职业生涯可持续发展

当下正处于风险社会转型期,职业市场波动复杂,新时代大学生成长在一个多元文化和价值观的时代,会收到各种思想文化和网络舆论交流的影响,他们的思想认识趋向多元,价值判断趋向复杂,发展需求趋向多样化。但他们现在的思想主流是好的,是积极向上的,希望能够为社会奉献一份自己的力量。他们追求公平,对社会腐败现象深恶痛绝,但也会有部分大学生受到社会不良现象的影响,从而产生急功近利或是不劳而获的思想。如果任由这种情况蔓延发展,则会对高校育人生态产生极大影

响,更加可怕的是,当这些思想伴随着大学生走入社会、走入职场,对整个社会的影响都是极大的,对于他们自身的发展所产生的影响更是巨大。因此,在大学阶段开展廉洁教育,能够帮助他们树立正确的职业观念,指引他们在未来职场中形成廉洁意识,提高自我约束能力和自我监督能力,自觉抵制腐败行为,约束自身行为。采取警示教育等方式能够让他们清楚地认识到,只有通过自身不断努力、不懈奋斗才能成功,靠拉关系、找靠山是行不通的。同时,廉洁教育通过理论教育与实践教育相结合,可以帮助学生更好地融入未来职业生活,使其成长为一名合格的职场人才,并且在之后的职场中能够得到良性可持续发展。

四、提供良好环境潜在影响

每个人都生活在一定的社会环境之中,而这个环境是由与人的生存和发展有关的所有的外部社会因素构成的。简而言之,社会环境是人们生活中的各种外部条件的总和,包括经济、政治、文化、教育、法律等方面的因素。这些因素不仅对人们的生活产生直接的影响,还通过影响人们的行为和价值观来间接地塑造人们的思想和行为。每个人也都生活在某种文化之中,这种文化成为人们的生活环境。这种文化不仅提供了人们生活的知识和技巧,还为人们的行为提供了指导、规范和约束。这种文化能够潜移默化地对人们产生长期、隐性的影响,其往往是在不知不觉中发生的,但它却能够深刻地塑造和影响人们的行为和思想。因此,社会文化环境也成了影响个人成长的重要因素。然而,人类行为与社会文化环境之间的关系并非单向的因果关系。相反,这种关系是双向的交流和互惠的关系。虽然社会环境对人类行为有着重要的影响,但人类行为也能够改变社会环境。但从总体上来看,社会环境对人类行为的影响要更大一些。大学生在这个时期无论是在生理上还是心理上的发展都趋于成熟,他们的社会性发展也更为成熟,他们对于社会有着自己的一套认知和理解方式。这个阶段也正是帮助大学生塑造和形成正确价值观的"黄金时期"。廉洁教育不仅能够帮助大学生树立正确的价值观和道德观,还通过了解和认识社会环境中的廉洁因素和不廉洁因素,让大学生能够更好地识别和抵抗不廉洁的行为,从而更好地适应社会的发展和变化。针对大学生开展廉洁教育,通过在校园内形成良好的廉洁氛围,打造良好清廉校园环境,能够为大学生的成长和发展提供重要的帮助,对大学生的成长发展意义重大。

廉洁文化根植中华大地,中华优秀传统文化、革命文化和社会主义先进文化共同构筑了廉洁文化的"根"与"魂"。良好的廉洁文化氛围会滋养每一名身处氛围中的人。我们在大学中开展廉洁教育的同时,也是在营造一个良好的清廉校园环境。建设清廉校园不仅仅局限于党风廉政这个范畴,而是包括了思想、政治、道德、品质、文化、教师、干部、学生等群体在内的系统工程。廉洁教育通过教师授课、学生听课、廉洁文化竞赛、建设清廉文化宣传阵地、社会实践等各方面开展教育,真正将廉洁知识、廉洁观念融入课堂,走入生活,这样从理论到实践的教育模式,这种教育模式所创造的教育氛围,为学生打造出了一个良好的清廉校园环境。大学生本身就是一个具有主动学习能力的个体,对于他们自身切实感受到的知识更容易接受,他们具有通过自己的判断对自己所学习的知识进行加工处理的能力,乐于提出自己对于知识的见解。在这样的学习氛围下,同辈之间经历的共享也会让廉洁观知识的传播更加快速,使廉洁观的培育工作更加具有说服力和感染力。这样培养出来的廉洁文化氛围,又潜移默化地、持续地对更多学生、教师产生着影响,使学生和老师在思想的根本上达到"不想腐"。

第四节　廉洁教育为大学生成才提供精神力量

高校是人才成长的摇篮,以立德树人为根本任务,目的在于培养中国特色社会主义合格建设者和可靠接班人。高校思想政治教育工作是高校教育教学工作的重要内容之一,高校思想政治工作的建设,直接关乎"培养什么人、为谁培养人、怎样培养人"的问题。廉洁教育作为高校思想政治工作中的重要组成部分,能够为大学生成才坚定政治方向、提供理论源泉、注入实践动力。

一、廉洁教育为大学生成才坚定政治方向

高校的根本任务在于立德树人,其本质就是为了培养中国特色社会主义合格建设者和可靠接班人,那么培养此类人才一个十分重要的前提,就是能够坚定他们的政治方向;让新时代大学生能够看清自己的政治站位,并且不断提高自身政治觉悟。要培养具有正确政治方向的新时代大学生,需要不断地对他们进行理想信念教育。理想信念作为人们对社会和自身发展的期望,有着极其重要的地位。不同的理想信念会塑造不同的人生观和价值观,引导人们用不同的期待值去面对和改造自然和社会。廉洁教育正是在马克思主义理论的指导下进行的。马克思主义理论作为开展大学生廉洁教育的核心理论,其中关于理想信念教育的理论以及反腐败理论都是新时代大学生廉洁教育的重要理论来源。除了马克思主义经典理论,新时代廉洁教育还融合了我国优秀传统文化中关于廉洁文化的优秀成果。这些传统文化中的廉洁理念和廉洁故事,为廉洁教育注入了中国特色和时代特征。同时,廉洁教育也与时俱进地运用了马克思主义中国化的最新廉洁教育理论,使得廉洁教育更加贴近时代、贴近生活。对当代大学生开展廉洁教育,让他们接受廉洁观念、廉洁知识,对于培养政治方向正确的新时代大学生意义重大。

新时代中国青年肩负着国家富强、人民幸福、民族复兴的时代重任,必须守住拒腐防变的"五道关",不断增强拒腐防变的自制力。一是守住政治关,加强对党的基本理论、基本路线、基本方略的学习和理解,加强对党章党规党纪的学习和理解,增强对中国特色社会主义道路、理论、制度、文化的自信,增强听党话、感党恩、跟党走的信心决心。二是守住权力关,从青年时期就培养公权意识,牢记权力是用来为党和人民事业服务的、为社会公平正义服务的,在手中有权的时候力求做到公正用权、依法用权、为民用权、廉洁用权。三是守住交往关,明确道德底线,明晰公私界限,明

白纪律红线,亲贤者、远小人,结良友、听忠言,与正直诚信的、光明磊落的、积极上进的人交朋友,不断净化社交圈、生活圈、朋友圈。四是守住生活关,弘扬艰苦奋斗的美德,崇尚勤俭俭朴的生活,倡行绿色环保的方式,培养健康积极的情趣,陶冶高尚风雅的情操,在社会文明建设中引领时代新风,争当正能量的倡导者,争做新风尚的践行者,让人们迎面就能感受到青年应有的清澈和纯粹。五是守住亲情关,汲取中国历史上优良家风家教的丰厚滋养,弘扬新时代中国特色社会主义家庭美德,积小德成大德、积小善至大善,把爱家与爱国统一起来,把兴家与兴国联系起来,既做到心爱父母、尊老爱幼、孝亲近邻,又厚植家国情怀,涵养家国大义,自觉用廉洁自律的认识和行动感染带动家人、感染带动身边人。

开展廉洁教育不仅是提升大学生素质的基础要求,更是帮助大学生在未来成长道路上成长成才的重要手段。通过廉洁教育培养大学生的廉洁品质和诚信意识,他们在面对各种诱惑和挑战时就能够坚定立场、坚守原则,增强自身的廉洁意识和自律能力。同时培养大学生的独立思考能力和批判精神,他们在面对问题时就能够理性分析、正确应对。廉洁教育也能够让大学生更好地了解反腐倡廉的最新动态政策,提高自身的政治素养和社会责任感,从而在未来的职业和生活中达到不同程度的进步和成长,实现自己的人生目标。

二、廉洁教育为大学生成才提供理论源泉

廉洁自古以来就在人类文明发展的长河中扮演着重要的角色,推动着社会稳步向前,廉洁文化也是先进文化的重要组成部分。

中国传统廉洁文化源远流长,形塑了中华民族的廉洁气质。早在原始社会晚期,部落首领的职位禅让明确提出以贤为先。奴隶制时期,开始践行"重民用德、罚罪赏善"的廉政观念,惩治腐败官员。到了西周时期,更是积极倡导廉洁从政,主张"厚禄养廉",正式拉开了我国廉政建设的帷幕。在秦汉时期,中国传统廉洁文化得到了进一步发展,秦汉统治者秉承了韩非子的"名主治吏不治民"思想,强调"吏不廉平则治道衰"。汉代在

董仲舒、贾谊"以德治国"思想的影响下，大力倡导廉洁从政。到了隋唐时期，中国进入封建社会发展的鼎盛阶段，廉洁文化空前繁荣。宋、元、明、清初时期，在廉洁文化内容上并无多大的创新，主要将"廉洁"作为官员考核的重要指标。足以看出，廉洁文化自始至终便是中华优秀传统文化中的重要组成部分。中华悠悠五千年的历史，我们的祖先们留下了无数珍贵的文化遗产。从儒家文化的深远影响，到民间文学作品的道德教诲，再到世代传承的良好家风家训，这一系列关于廉洁理论的阐述，无不体现出我国优秀传统文化的深厚底蕴。廉洁教育中所融入的这些传统文化中关于廉洁、廉政的优秀思想和理论，有不少都源于生活中的经典案例，耳熟能详，深入人心，也正是因为这样才更容易被学生接受。当代大学生通过不断积极汲取这些优秀的传统文化，在培养大学生形成文化自信的同时，不仅可以研究和学习的中国古代廉洁、廉政思想，不断总结，还可以做到在进行廉洁教育的同时，巩固和挖掘出更多深层次也更适合时代的廉洁文化资源，推陈出新，为更好地开展大学生廉洁教育提供理论源泉。

廉洁教育始终以马克思主义理论为指导，融合中华优秀传统文化，同时与时俱进结合中国特色社会主义理论成果，形成了符合新时代大学生精神需求、性格特征以及发展需要的廉洁教育内容体系。马克思主义反腐败理论是构成大学生廉洁教育的重要内容，为大学生的廉洁意识培养提供了坚实的理论基础。在当今时代，大学生获取信息资源的速度之快、手段之多，是不容小觑的，他们处于社会转型发展的重要时期，互联网等新媒体的广泛运用，使得他们极易受到多元价值观的影响。在这种情况下，校园之中也出现了一些"微腐败"行为，例如评奖评优时同学之间的拉票行为、考试中有代价的舞弊行为等。如果不对学生的这些"微腐败"苗头及时进行干预制止，那么在大学生步入社会之后难免会出现更为严重的腐败行为。因此，应将马克思主义理论中关于反腐败的内容融入大学生廉洁教育内容中，将廉洁文化教育与大学生思想政治教育相结合，帮助大学生树立正确的世界观、人生观、价值观，同时通过廉洁自律、诚实守信等核心价值观的强调，逐步引导大学生形成良好的道德品质和行为习惯，能够自觉抵御不良价值观的影响,主动认识到腐败的危害。

一个人要想成才,那么除了自身的提升之外,还需要关注整个社会,个人生活于社会之中,需要提升自身的社会责任感,自觉建立大公无私、廉洁奉公的实干精神,努力为社会、为人民做事。而廉洁教育就能够正确地引导大学生深刻认识到自己的社会责任和公民义务,从而培养出强烈的社会责任感和公民意识,只有心怀社会、心怀大国,才能将眼光放得长远,才能提高自身站位,这样在某些程度上能够激发他们的创新思维。因此可以说,通过廉洁教育,能够更好地为大学生成才提供坚实的理论源泉。

三、廉洁教育为大学生成才注入实践动力

当今世界正处于百年未有之大变局,社会的每一处变化都与青年的发展息息相关,道德理想对于一名青年的引领作用更加凸显。道德理想是根据社会发展的总目标,在现实生活的状态下通过批判性的反思,从而形成的道德追求。道德理想对于现在的青年大学生来说就是将自身所肩负的责任使命与新时代公民道德建设的要求相结合,从而设定的一个总目标。但道德理想毕竟是主观意识,会受到各种因素的干扰,因此,要想树立坚定的道德理想信念,就需要不断对其进行教育,而新时代青年的所追求的道德理想总目标正好与廉洁教育所追求的目标不谋而合。通过廉洁教育为学生树立正确的道德理想信念,不仅能为青年大学生的实践提供指引,也能够为其注入实践的热情与动力。与此同时,还需要不断从实践中锻炼和磨砺,增强其理想信念的坚定性。实践是人的存在方式,也是人类社会生活的本质在。人对于世界的认识、感知都发源于实践,理想信念的确立也是源于实践,只有通过实践才能实现人自身的改造,特别是精神世界的发展。

廉洁教育是一个系统性、连续性的过程,通过教育、教学和实践的闭环,能够以理性的方式培养大学生逐步形成自身的道德理想。在这个过程中,廉洁教育不仅仅是知识的传授,更重要的是引导学生将所学知识转

化为实际行动,实现知行合一。在大学期间,学校可以通过多种方式开展廉洁教育,例如建设清廉书屋,为学生提供廉洁文化方面的书籍和资料,鼓励学生深入阅读和学习;举办廉洁文化作品大赛,通过比赛的形式让学生更加深入地了解和掌握廉洁文化知识;寒暑假"三下乡"实践活动和社会调查等活动,让学生切身感受社会中的廉洁文化和道德风尚。同时还可以将廉洁教育融入专业课程之中,例如:旅游专业的学生成立红色廉洁文化宣讲队,通过实践和专业知识的结合,传播廉洁文化。这样不仅能够在实践中提升学生的专业能力,还能够坚定他们的廉洁意识。这种将专业实践和廉洁教育相结合的方式,不仅具有很强的现实意义,同时也能够更好地引导学生将所学知识应用于实践中。在这个过程中,廉洁教育和实践是相互促进、相互强化的。一方面,廉洁教育为实践注入了动力,通过教育,学生能够更加深入地了解和掌握廉洁文化知识,从而更好地将其应用于实践中;另一方面,实践也强化了廉洁意识,在实践中,学生能够更加深入地感受到廉洁文化的影响和价值,从而进一步增强他们的廉洁意识。这是一个双向的过程,形成了一个正向循环。

在考虑大学生未来发展的前提下,廉洁教育的重要性不言而喻。廉洁教育不仅能够帮助大学生树立正确的职业观念,还培养了他们良好的职业道德。职业道德不仅是每个从业者应该遵守的职业行为准则和规范,更体现了每个工作者对自身职业的价值定义和看法观点,这展现出了一个从业者的工作态度和价值观念,也是衡量一个人才的重要标准。教育的根本任务在于立德树人,为社会培养和输送优质人才,以促进社会的发展。大学作为进入社会之前的重要培养阶段,大学阶段的职业道德教育对大学生今后从业观的发展具有建设性的作用。通过廉洁从业教育,大学生能够明确公私界限,正确处理个人与集体的关系,有利于引导大学生在未来的职业生涯中做到诚实守信、廉洁自律、遵纪守法,形成"以廉为荣,以贪为耻"的价值理念,牢固树立廉洁从业意识。在切实开展大学生的择业和就业实践中,应合理融入大学生廉洁观教育,既加强职业道德教育,又发挥就业指导和职业生涯规划廉洁观教育载体的作用,通过廉洁教育为大学生未来的实践注入强大动力。

第五章

廉洁教育与大学生素质培养研究

"青年者,国家之魂。"青年崇廉尚洁、严以律己,国家就能正气充盈、永葆青春活力。新时代中国青年是党和国家事业的接班人,大学生综合素质的成长与形成关系着中国特色社会主义发展目标的最终实现。因此,青年大学生要在成长拨穗期接受廉洁教育,在熏陶涵养中推动大学生综合素质的提升。

廉洁教育是指通过对公民实施廉洁方面的教育,营造廉洁奉公、诚信守法的社会氛围,达到规范和约束组织(个体)行为的目的。青年学生是高校实施廉洁教育的重点对象,通过廉洁教育,能够使大学生全面地了解清正廉洁的价值观念,对廉洁、腐败做出正确的判断与评价,真正认识到公私、廉腐、俭奢之间的关系。同时廉洁教育也不仅仅是树立正确的廉洁观念,对大学生其他观念的培养与形成,也起着至关重要的作用。

第一节　廉洁教育与大学生廉洁素质培养

廉洁素质是大学生进行社会主义核心价值形成的基本素质,廉洁素养的关键在于廉洁品德的滋养,廉洁之根是保证大学生廉洁素养形成的重要前提,廉洁之魂是塑造廉洁素养的重要力量。廉洁教育可以通过建设清廉校园,在浓厚的清廉校园氛围中潜移默化形成良好的廉洁品德;将廉洁教育融入专业课堂,在专业课堂中把握廉洁底线,为今后的职业发展道路播下廉洁的种子,恪守职业操守和道德底线;创办各类清风廉洁文化活动,引领青年积极参与,融会贯通廉洁内涵,进而形成自身的廉洁素养。

一、建设"清廉基地",滋润廉洁品德

根据党中央印发的《关于加强新时代廉洁文化建设的意见》指示,高校建设好廉洁文化,创办好廉洁校园对于全面落实好从严治党战略方针和"双高计划"、培育好社会主义接班人具有重要意义。建设廉洁基地是在廉洁校园的基础上,联合多所高等院校以及企业共同参与廉洁建设的过程,从源头廉洁教育到就业从业形成一个廉洁闭环,从高校到企业共同孕育高廉洁素质劳动者和技术技能型人才。《论语》有云,"清正在德,廉洁在志。身有正气,不言自威。有公德乃大,无私品自高。"大学生要保持清正,养成良好的廉洁素质,关键在于个人的品德修养。品德修养的形成,也离不开廉洁环境的建设。廉洁环境的建设不仅是要在校园内营造好风清气正的氛围,更要在企业中延续,涵养大学生良好品行,引导大学生以廉洁品德践行时代使命。因此,要建设好清廉基地,首先要把握好政治站位,要构建权责清晰、有机协同、层层传导、问责有力的"四责协同"责任落实机制,把点线面与各层级协同贯通,发挥党政一把手的"头雁"作用,形成四个责任主体协同体系。在政治站位上全方面把握"严"的基调,从顶层设计中引领好清廉基地的建设方向。

清廉基地建设不能囿于党风廉政范畴,而是一个涵盖了政治、思想、组织、文化等领域和干部、教师、学生、企业等群体在内的系统工程。因此,应打造"廉洁基地",将廉洁教育与校园建设、企业建设紧密结合在一起,明确"廉洁治校、廉洁从教、廉洁从业、廉洁高效"的"四廉"建设要求,致力于形成"清澈的师生关系、清爽的同事关系、清明的校企关系"的"三清"关系,建成"有示范清廉品牌、有实质精神内核、有严谨制度体系、有专题教育阵地、有特色活动载体"的清廉校园,使校内形成崇清尚廉的风气,将清廉学校建设融入学校建设发展的全方位全过程,提供良好的廉洁教育,以良好的廉洁校园氛围滋养每一位大学生,努力、积极培育和践行以清为美、以廉为荣的价值观。

清廉基地的建设更要发挥好校企内外基地"双平台"功能。例如,高

等院校要充分发挥联合体的功能定位和产教融合的优势,在政府有关部门统筹指导下,联合相关高校与企业共建具有产教融合特色的新时代廉洁文化教育基地。一方面,有效发挥联合体校内廉洁基地的主渠道育人功能,有力促进职业教育实践创新和廉洁文化的传播与发展;另一方面,根据企业文化建设需要,与当地红色教育基地、廉洁教育基地及各类场馆等单位协商,在园区、企业共建高校课外廉洁教育实践基地,通过定期组织师生和企业员工参观体验、研学交流,把学习教育从学校课堂转移到工厂车间,在教育学生的同时,提升企业员工的政治素养和廉洁意识。通过共建可触、可视、可学、可研的校企内外廉洁文化教育实践基地,推动廉洁文化接地气、扬正气、存底气,共同打造廉洁文化传承创新阵地。

二、创建"廉洁课程",厚植廉洁之根

课堂是大学生接受教育的主渠道,在课堂中融入廉洁教育是培养大学生德智体美劳全面发展的重要根基。不仅要将清廉融入第二课堂、思政课、专业课,将廉洁教育纳入人才培养方案和"三全育人"体系,贯穿人才培养全过程,更要将廉洁文化课作为一门独立课程,推动廉洁教育成为新课堂、新教材、新方向。这对于将来大学生走向社会、走向职业、成为社会主义合格建设者和接班人都具有重要的意义。廉洁课程要以廉洁政治夯实大学生的道德情操,以廉洁理念帮助大学生强化廉洁意识,加强修身立德,将廉洁理念融入职业理想,起到明辨是非、防微杜渐的作用。

高等院校要独立开创"廉洁文化教育"相关课程,以社会主义核心价值体系为引领和主导,组织大学生学习中国古代廉政文化的发展、新时代廉洁文化建设以及党和国家关于党风廉政建设和反腐败斗争等方面的方针政策、法律法规等。基于前期学习教育基础,后续课程侧重深挖古代廉洁文化与中国特色社会主义廉洁文化的纽带,以廉洁文化强化廉洁意识,以廉洁内涵端正自身行为,引导大学生树立报效祖国、服务人民的信念,不断增强大学生的道德自律意识,增强拒腐防变的良好心理品质,逐步形成廉洁自律、爱岗敬业的职业观念。

"廉洁文化教育"是一门理论性较强的课程,应以课堂教学为主,合理安排实践教学,实施以学生为主体,突出能力和素质培养的"教学做一体化"的教学模式,内容要紧跟当前热点问题,运用案例教学法、探究式教学法、互动式教学法等多种方法,展开教学实施,鼓励教师根据教学实际探索创新教学方法。在内容上可主要分为理论学习和实践学习两大板块。表5-1为《廉洁文化教育》课程教案案例。

表5-1　"廉洁文化教育"教案

教学专题	实践活动:"廉洁家风故事"大学生微电影展示活动		
授课专业	大一全部专业	学时安排	
教学目标			
1.在小组的共同参与下,促使学生能够挖掘提炼身边家风家训家规中的优良元素,倡导主流价值,培育文明风尚,使其在活动中得到教育,受到熏陶; 2.能够增强拒腐防变的良好心理品质,逐步形成廉洁自律观念。			
教学重点和难点			
重点	展示微电影成果		
难点	能在有限时间内较全面又有重点地展示小组的微电影成果,总结提炼经验或发现问题		
教学准备			
指导学生开展资料搜集、脚本撰写和制作展示PPT、评阅学生作品			
教学实施过程			
[组织教学准备] 点名,手机入袋。 [导入] 简要介绍实践活动开展的整体情况。 [学生展示] 1.4-6组"廉洁家风故事"大学生微电影作品进行成果展示; 2.进行大众评审,推出最优秀的2个小组; 3.优秀展示小组接受老师的提问,进行答辩; 4.教师对整个活动进行点评。			
课后作业与训练			
以此实践活动为基础,以小组为单位填写"廉洁家风故事"大学生微电影展示活动实践活动任务单,和考勤单一并上交。			
教学反思和总结			

三、办"清风活动",培育廉洁之魂

培育好大学生的廉洁素养之魂,要厚植廉洁文化,办好"清风活动"。加强廉洁文化建设是落实全面从严治党主体责任的重要组成部分,是一项系统工程、长期任务。廉洁文化根植中华大地,中华优秀传统文化、革命文化和社会主义先进文化共同构筑了廉洁文化的"根"与"魂"。良好的廉洁文化氛围会滋养每一名大学生,使他们保持高尚的精神追求和健康的生活情趣;松懈的廉洁文化建设会极大地破坏党风、校风、学风,腐蚀青年大学生健康身心。高等院校应系统实施培育活动。

(一)廉洁主题教育

在实践中,通过开展廉洁文化月的活动,上好廉洁教育党课,开展主题教育党日活动,召开"扣好人生第一粒扣子"的廉洁主题班会,开展优良家风传承等活动,在活动展中在学习中华优秀传统文化涵养清廉自守的精神境界,用革命文化淬炼甘于奉献的高尚品格,用社会主义先进文化培育秉公用权的文化土壤,引导广大中国青年树立理想和中国特色社会主义共同理想,牢记全心全意为人民服务的根本宗旨,增强拒腐防变和抵御风险的能力。

(二)校园廉洁文化作品创作

在高校开展以"青春逐梦,廉洁同行"为主题的校园廉洁文化作品创作,鼓励全校师生创作蕴含厚植校园廉洁文化,弘扬以清为美、以廉为荣的廉洁文化氛围,传递崇尚廉洁的价值观念,弘扬清廉守正、担当实干之风的文创作品。让全校师生自主参与廉洁文化的活动中,主动学习廉洁文化,主动探究廉洁元素,主动创作廉洁作品,以活动促廉,创作中感廉,以作品宣廉,让廉洁文化以心化行,真正做到廉洁理论与实践知行合一。

(三)廉洁文化校企双师"双育"模式

廉洁教育是一项长期性、持续性、时代性的育人工程。在高校和企业共同开展廉洁教育的关键在于教师,教师是帮助大学生形成正确廉洁价值观和素养的重要力量。因此,开展校企双师"双育"模式更有利于大学生廉洁素养的形成与发展。

首先,要充分发挥校企合作"双主体"作用,搭建好"双育"平台。高校要主动和企业对接,从入学到就业形成一个廉洁教育闭环,实施环节差异化,在主题教育、制度建设、队伍建设等方面进行深度融入,对资源进行优化和共享,实现"多赢""共赢"。高校可以与企业联合开发廉洁文化教育实践能力项目,共同制定优质教学评价标准,在教材开发、课程建设、资源库建设等方面深度合作,发挥企业的协同育人作用。比如,学校服务企业技术创新、工艺改进、产品升级,其中需要的"工匠精神"本身就是廉洁素养的重要组成部分。校企合作致力于培养行业企业急需的高素质技术技能人才,企业廉洁文化就在此阶段发挥应有的重要作用。企业廉洁文化对学生不仅仅是文化的熏陶,更是一种规矩和制度的约束,能够引导学生在"他律"中学会"自律",为学生日后走上工作岗位遵规守矩、廉洁自律打下基础。高校与企业要建设廉洁教育"双师库","走出去"和"引进来"相结合,进行双线培育发展。学校老师"教廉"和企业导师(师傅)"导廉",为大学生成长就业扣好"第一粒扣子";高校师生利用学术研究等资源深入行业企业开展培训或者宣讲,开展清廉志愿者服务,促进融汇交流。校企"双育"机制不仅可以为高校培养高素质技术技能人才,也可以为企业培养具有纪律意识、规矩意识和职业道德素养的生力军,实现高校和企业的"双赢"。

其次,采取"线上＋线下"多渠道方式,联合各单位开展共建活动,形成浓厚的崇廉尚洁氛围。线下,高校可以打造清廉联合体,共同开展了"清廉家风青年说""清廉师说""清廉单元示范共建"等系列清廉主题活动,并邀请多家院校、企业共同参加。线上,联合体各单位可运用新技术,创新"人工智能＋教育"宣传教育载体,赋能廉洁文化建设。如联合体各单位依托省级红色文化传承与创新资源库等各类资源库,打造立体化网络思政平台矩阵,丰富廉洁文化优质产品和服务供给,拓展利用廉洁文化资源空间。通过举办各种生动活泼的廉洁文化活动,实现廉洁文化的立体化、可视化、均衡化,真正让廉洁文化"实起来、立起来、活起来、火起来、强起来"。

高校教师作为廉洁教育体系的核心,更应当拥有较高的廉洁素养,不断树立"务实、清廉"的工作作风,立足本职岗位,以廉促学,以廉促教,以廉促研。高校教师要以实际行动推动高校廉洁教育的形成,帮助大学生形成完善的廉洁素质。通过举办廉洁教学成果研究和教学竞赛等活动,帮助高校教师结合学科专业课程特色,设计廉洁教学内容,运用科学教学教法,全方位、多层次凸显专业知识和廉洁、诚信教育要素融合,推动高校廉洁教育和专业知识传授统一性,知识传授和价值塑造的协同性,从而让大学生更为深刻地认识到廉洁文化的重要性,在知行合一中践行廉洁自律,自觉树立好廉洁自律意识,成为廉洁文化的主动接受者和积极践行者。

第二节　廉洁教育与大学生人文素质培养

人文素质是一个人综合心理特征的反映,是由思想教养、道德修养、情感修养、环境影响、遗传基因等多种因素构成的。而大学时代恰恰是学生形成人生观、道德观的重要时期。传统的人文素质教育是通过传授经典文学作品、名言警句等方式,将人类文明瑰宝渗透大学生思想深处,深刻影响大学生人格品质和价值观念,帮助其建立稳定成熟的思想人格,实现审美素养、道德品质、创新创造能力的发展。而廉洁教育则是深挖中华优秀传统文化与红色文化中的爱国因子、道德因子、廉洁因子,将三者进行有机结合,继而将立德树人作为教育的最终标准,达到提升大学生人格的最终效果。

一、搭建廉洁文化平台,营造清正之风

(一)创办清廉书屋

清廉书屋与普通的阅览室不同,清廉书屋整合清廉资源更为集中,深挖廉洁文化元素更为透彻,打造廉政教育阵地更为直观,传播清廉文化更

为快速。清廉书屋集廉政文化阅读学习、廉洁正能量传递于一体,有利于切实发挥书香育廉功能,优化读书环境,塑造读书品牌,拓宽读书渠道,因此应不断丰富书籍种类,把书屋打造成陶冶道德情操的重要课堂、增强廉洁意识的重要平台和营造廉洁文化的重要阵地,使其成为促进高校大学生提高综合素质和自身发展的"加油站""助推器",推动全校上下形成爱学习、想学习、善学习的好风气,推动爱读书、读好书、善读书在高校蔚然成风,引导大学生以书为友、以书为伴、走实技能成才、技能报国之路。

第一,在清廉书屋打造产业园区＋职教基地＋企业"1＋5＋N"的校地清廉育人展示角,个性培廉。在校廉育人展示角开设多个学习专区,为教职工提供多样化的选择。例如,开设时政学习专区,紧跟时代主题和初心使命,开设初心使命、党史学习教育学习专区,党的二十大精神专题培训、学习贯彻习近平新时代中国特色社会主义思想主题教育学习专区,独特分类展示厅能够增强时政廉洁文化的传播性,充分发挥文化滋养心灵的作用,以"润物细无声"的方式传播清廉价值理念,为读者提供一个紧跟时代发展的学习专区,引导读者"善读"时事、"善读"清廉。

第二,在清廉书屋开展各类特色活动,以屋培廉。①开展"廉润书香"读书分享会,结合读书主题月,定期在清廉书屋组织读书分享会,根据不同的活动主题需要安排,每月一分享,每月一促廉。②开展"大手拉小手"家风传承主题活动,依托职教基地鼓励多所学校参与。③利用平台开展主题党日活动、主题征文、主题故事会、推行"最美阅读空间"打卡、推广书架认领、开展阅读推广等活动,形成具有基地特色的阅读品牌,助力学生养成勤阅读、爱读书的习惯。在轻松的气氛中进一步营造浓厚的清廉校园文化,涵养学生的人文素养。

(二)编撰活页廉洁案例教材

2019 年国务院发布的《国家职业教育改革实施方案》中,大力倡导使用新型活页式、工作手册式教材并配套开发信息化资源。活页式教材是职业教育中应用较为广泛的教材,对教师教学工作开展、教学管理工作效率提升能发挥重要作用,不仅能丰富教师教学、管理的方法和内容,还对学生的职业生涯规划及素养培养大有裨益。而廉洁教育采用活页式案例教材,一方面有助于廉洁建设规范化。它以"大学生"为教育主题,充分尊重大学生接受廉洁教育的意愿,将廉洁素质教育贯穿整个高等院校的教育教学过程中,采取启发式教育、项目式教育、情景式教育等多重方式,通过活页式教材启发大学生进行思考,从廉洁案例中发现问题,学会反思,使教材在整个育人过程中全面发挥引导性与参与性作用,充分与"三全育人"格局相呼应。另一方面,利用活页式案例教材,能基本满足以廉育人和特色教学的基本需求。通过对活页式案例教材的使用,大学生可以全方位了解廉洁教育各阶段的学习内容和主题活动,能主动、有计划、有步骤地完成廉洁教育各项环节的学习任务,从而结合自身形成的素养和实践情况,开展更为贴合实际的自我评价。并且,活页式案例教材也可以邀请更多学校参与撰写,了解不同年龄、不同个性的学生、教师案例,更有利于大学生形成自身的人文素养。

(三)成立廉洁社团

大学生廉洁社团是青年大学生接受廉洁教育、促进廉洁文化交流的重要载体。高校的廉洁社团是为了推动廉洁文化进校园而创立的志愿公益类学生社团。

根据社团的职能,参与高校廉洁文化建设的实践路径主要有:深层次采集廉洁教育内容、全方位宣传廉洁文化、创新开展廉洁文化活动、统筹参与廉洁实践活动、有序进行廉洁学术活动等。在廉洁文化活动中,营造浓厚的廉洁文化氛围,增强廉洁教育的感染力和渗透力,让廉洁教育潜移默化深入人心。在廉洁实践活动中,学生走出校园,深入政法部门、公益组织,参与法院庭审现场,开展廉洁主题的社会调查,参与社区、企业的廉洁文化建设等廉洁实践活动,增强大学生的廉洁文化素养和实践能力。廉洁社团参与廉洁学术活动,在高校人文社会科学研究、大学生创新创业训练等项目中增设廉洁研究专项,让社团学生承担一定的研究任务,引导大学生深入社会开展廉洁学术研究,培养大学生的创新精神、实践能力和学术水平,提升他们的人文素养。

二、传承中华廉洁传统文化，强化青年廉洁意识

厚植廉洁文化根基，加强大学生廉洁教育的重要性不可忽视。青年是祖国的未来和民族的希望，是党和国家最宝贵的资源。廉洁自律、遵规守纪是青年立足社会和人生进步的基本要求和根本底线，对大学生健康成长起着至关重要的作用。抓住青年学生价值观形成和确定的关键时期，整合校内外资源，厚植廉洁文化根基，教育引导青年学生在思想上正本清源、固本培元，把崇德尚廉、持廉守正、克己奉公的种子扎根到内心深处，筑牢思想道德防线，是帮助他们扣好"人生第一粒扣子"的关键所在，也是营造、涵养、巩固风清气正的政治生态的现实需求。

传承"正己修身"，培育君子人格。中华优秀传统文化历来重视修身之道，"修身齐家治国平天下"修身在首，这是铸就君子人格的基石。君子人格集中承载着中华民族的优良品德，其包含的清心养廉、戒奢以俭、慎独自律等内容，也是新时代廉洁文化的基本要素。

（一）清廉养高洁志趣

古代君子贤哲始终将清廉自守、淡泊明志、宁静致远视作人格理想。例如，"出淤泥而不染，濯清涟而不妖"表达了对洁身自爱君子人格的赞赏；"见素抱朴，少私寡欲"强调了君子应保持纯洁朴实的本性，减少私欲杂念。腐败的出现，源于人性的贪婪和现实的种种诱惑，因此强调"君子有所为，有所不为"，始终保持君子人格、清廉之心就格外重要。比如陶渊明在义熙元年出任彭泽县令，面对浔阳郡督邮凶狠贪婪，叹道："吾不能为五斗米折腰，拳拳事乡里小儿邪。"陶渊明的高洁，在于恪守不为五斗米折腰的清高，在于不同流合污、不屈心抑志的孤高，亦表现为亲近自然诗意栖居的高雅，以及冲淡平和不慕名利的高尚。古代清廉诗中士大夫的尚"清"审美趣味，也正是他们"清"美人格的体现，在审美观照中实现人格的升华，对于引导当代人们形成健康的审美趣味，培养健全的审美人格，摒弃低俗的审美趣味具有重要意义。这种潜移默化、润物无声的对性情的怡养恰恰是清廉诗的美育作用，这也是我们当年青年所缺乏的。因此，一

方面,可以通过学习古人的廉洁诗词与廉洁故事,在诗词中品读古代文人的精神世界和文化涵养;另一方面,可以提取古代文人的思想本质,不断坚定理想和信念,提升道德修养的教化和涵养,通过思想的转变树立廉洁观念,培养自己的高洁志趣,从心到行做到廉洁自律、廉洁自省。

(二)正直养浩然之气

"廉洁正直,使自己保持清白",这是屈原对"廉洁、正直、清白"品格的执着追求。廉洁一直被历代明君贤臣视为从政之要、为官之本,它也是老百姓评判官员德行的重要标准。屈原在年轻时就以清廉、服义自许,修身励志,上下求索,虽一生磨砺坎坷,但他面对"举世混浊而我独清,众人皆醉而我独醒"的社会现状,没有与时俯仰、随波逐流,而是守住了洁身自好的高尚品格。公道正派才能养浩然之气。何为浩然正气?一谓至大至刚的昂扬之气;二谓以天下为己任、担当道义的勇气;三谓君子挺立于天地之间无所偏私的光明磊落之气。浩然正气便是由这种昂扬之气、大无畏的勇气以及光明磊落之气构成。浩然之气是中国人的精神品格,是无数仁人志士具备的优秀品质。李鹰"破柱取朔"的故事,其刚正不阿、敢于斗争、不畏强权的精神,成为中国古代正直刚健的代表人物典范。中国古代知识分子,尤其是儒家的知识分子,都是将养浩然之气作为自己的精神追求。范仲淹"先天下之忧而忧,后天下之乐而乐"的情怀担当名垂千古;王阳明在国家危难之际,抛弃个人生死,毅然做出平定宁王之乱的决定。在中华优秀传统廉洁文化里,这样的例子举不胜举。通过廉洁教育能够让大学生了解我国古代知识分子的高尚品德,培育其正直精神,涵养大学生的浩然之气。

(三)慎独养自律自省

慎独,是中国人几千年来最高级的修行。《礼记·大学》中有"此谓诚於中,形於外,故君子必慎其独也。"《中庸》中有"莫见乎隐,莫显乎微,故君子慎其独也。"所谓"慎独"是指人在无监督的状态下仍要坚守道德要求,谨慎不苟。"慎独"不仅是对中华优秀传统文化的继承与发扬,同时也是对当代"君子"的一种新要求,即将君子人格的文化基因融入新时代青年的道德建设之中,融入日常工作之中,浸润廉洁文化建设。青少年在尚未形成完整的世界观和价值观的时候,要打好"慎独"基础,慎独在本质上是一种定力,一种"心不动于微利之诱,目不眩于五色之惑"的自律,一种"人所不知而己所独知"的自省,一种"居于闹市而心神空明,身处屋宇而神游方外"的自持。慎独是一种定力、一种作风、一种品格。这种自律、自省、自持源自对道德修养的矢志坚守,对规则秩序的无比敬畏,对理想人格的不懈追求。广大青年要把慎独之功练好,不断加强自律,做到台上台下一个样、人前人后一个样,尤其是在私底下、无人时、细微处,更要如履薄冰、如临深渊,始终不放纵、不越轨、不逾矩。

三、打造家风建设,引领青年自我塑造

党的二十大报告中强调要实施公民道德建设工程,弘扬中华传统美德,加强家庭家教家风建设,加强和改进未成年人思想道德建设,推动明大德、守公德、严私德,提高人民道德水准和文明素养。而家庭和谐能促进青少年树立正确价值观。个体成长始于家庭,家庭文化氛围的优劣以及父母的道德素养状况很大程度决定了子女的成长状况。在个体成长成才的过程中,家庭起着决定性作用。父母对于孩子的影响无所不在,如穿着方式会对其审美习惯产生影响,待人接物的方式会对其社会交往产生影响,劳动方式会对其责任意识产生影响。家庭如同文化磁场,氛围良好才能培养出健康的下一代。

(一)贯彻落实家风家教的新时代精神

家庭家教家风建设在推动国家发展、社会和谐、培养担当民族复兴大任的时代新人、全面从严治党等方面具有无可替代的独特价值和重要作用。

家庭是国家发展、民族进步、社会和谐的重要基点。家国同构、家国一体的传统在实现中华民族伟大复兴的进程中尤其具有现实意义。我们应当夯实民族复兴的家庭之基,充分发挥家庭在国家发展、民族进步、社会和谐中的基点作用,让个人、家庭与国家同向而行、同步发展。

注重家庭家教家风建设是培养能够担当民族复兴大任的社会主义建设者和接班人的现实要求。培养德智体美劳全面发展的社会主义建设者和接班人,对于服务国家战略需要、加快建设人才强国、实现中华民族伟大复兴具有至关重要的意义。新时代的家庭家教家风建设,要以培养担当民族复兴大任的时代新人为着眼点,从家庭做起,从娃娃抓起,教育引导后代把党和国家确定的奋斗目标作为自己的人生目标,做新时代的追梦人。

中华民族传统家庭美德是支撑中华民族生生不息、薪火相传的重要精神力量,是家庭文明建设的宝贵精神财富,也是我们坚定文化自信的重要源泉。中华民族历来重视家庭。数千年来积淀形成了在家尽孝、为国尽忠,尊老爱幼、妻贤夫安、母慈子孝、兄友弟恭、耕读传家、勤俭持家,知书达礼、遵纪守法等中华民族传统家庭美德。这些家庭美德历经岁月洗礼而不褪色,早已深深融入中国人的血脉里。今天,中华民族传统家庭美德作为连接个人与家庭、家庭与社会、社会与民族的精神纽带,其蕴含的人文精神、道德示范,依然是中国人安身立命的文化基因,是塑造社会风气的重要文化资源。我们要加强对传统优良家风家训典籍、历史先贤家教故事的系统整理,合理吸收中华传统家训家规的精华,并推动其创造性转化、创新性发展,不断赋予其新的时代内涵,使之与现代文化、现实生活相融相通,为推进新时代家庭家教家风建设提供丰厚滋养。

家风建设是领导干部作风建设的重要内容,也是全面从严治党的重要抓手。领导干部的家风问题不仅是道德问题,也是党性问题、作风问题。以家风建设推动全面从严治党的内在机理,具有极强的现实针对性。领导干部的作风与家风紧密相连,二者一体两面、互为表里。这就要求推进全面从严治党必须把家风建设作为重要抓手,引导领导干部培育好家风、涵养好作风。

第一,推动形成爱国爱家、相亲相爱、向上向善、共建共享的社会主义家庭文明新风尚。没有国家繁荣发展,就没有家庭幸福美满。同样,没有千千万万家庭幸福美满,就没有国家繁荣发展。中华民族伟大复兴的中国梦,既是让中国成为社会主义现代化强国的国家梦、让中华民族为人类发展作出更多更大贡献的民族梦,也是让每一个中国人实现人生出彩的人民梦。我们要在全社会大力弘扬家国情怀,弘扬爱国主义、集体主义、社会主义精神,推进社会公德、职业道德、家庭美德、个人品德教育,倡导爱国、敬业、诚信、友善等道德规范,培育知荣辱、讲正气、作奉献、促和谐的良好风尚。

第二,继承和弘扬革命前辈的红色家风。重视家庭建设,注重家风家教,是我们党的优良传统。在培育良好家风方面,老一辈革命家为我们做出了榜样。我们要继承和弘扬革命前辈的红色家风,向焦裕禄、谷文昌、杨善洲等同志学习,做家风建设的表率,把修身、齐家落到实处。红色家风是老一辈无产阶级革命家和各个时代的优秀共产党人在长期革命实践、社会主义建设和改革开放历史进程中形成的家庭风气,是中国共产党人优良传统的重要组成部分。老一辈革命家崇高而坚定的理想信念、不谋私利的廉洁精神、知行合一的以身示范,时时刻刻激励并警醒着所有共产党人,不仅有利于锻造中国共产党人的优良党风政风,还对引领社风民风具有重要作用。新时代的共产党人,要自觉传承红色家风,在干事创业中注入更多奋发向上的精神力量。

第三,推动社会主义核心价值观在家庭落地生根。新时代加强家庭家教家风建设是一项基础性的社会工程,我们要坚持以社会主义核心价值观为统领,在家庭建设中追求"富强、民主、文明、和谐"的价值目标,认同"自由、平等、公正、法治"的价值取向,践行"爱国、敬业、诚信、友善"的价值准则,将国家、社会、个人层面的价值要求贯穿家庭家教家风建设全过程,融入家庭教育的日常生活细节,引导家庭成员形成适应新时代要求的思想观念、精神风貌、文明风尚、行为规范,使家庭建设成为践行社会主义核心价值观的重要途径和有效载体。

(二)传承优良家风活动

家庭是培育一个人成才的基础,家庭是人生的第一个课堂,父母是孩子的第一任老师,用什么样的价值观塑造和引领思想品德、行为习惯,直接关系家庭风气和下一代健康成长。中华民族历来重视家庭家教家风建设,从孟母三迁、岳母刺字的家教故事,到"杨家儿孙,无论将宦,必以精血肝胆报国"的家风家训,无不体现着向上的家庭追求和高尚的家国情怀,彰显着中华民族的思想智慧和精神力量。中华民族传统家庭美德蕴含着丰富的思想观念、人文精神、道德规范,为新时代加强家庭家教家风建设提供了丰厚文化滋养。因此,在高校开展传承家风活动对于培育大学生优秀内在核心价值观具有重要意义。表5-2列举了一些开展家风传承活动的例子,以供高校参考。

表5-2　家风传承活动

活动主题	传承优良家风,培育家国情怀
活动内容	1.一次微视频展播(家风传承——青年说); 2.一次家风摄影比赛,包括公益志愿类,书香传承类,红色传承类,其他类(包括但不限于爱岗敬业、突出贡献各类奖励,国家、省、市的各级劳模,五一劳动奖章,技术能手等,突出体现和谐、孝道、劝学、劝善、勤俭、励志、修养等方面能够反映我国传统美德,又符合社会主义核心价值观要求的作品); 3.观看同一部红色电影并写读后感; 4.具体要求: (1)各二级学院提交"家风传承——青年说"视频作品不少于2个,企业提交不少于1个视频作品,要求时长2~3分钟,图像、声音清晰,MP4格式; (2)各二级学院志愿公益型要求提交不少于3张开展家庭志愿公益的照片,开展家庭志愿公益的统计表;书香传承型要求提交不少于3张能够体现家庭书香文化氛围的照片(合影),家庭成员的书香文化作品等可以充分证明书香传承型家风的各类资料。红色传承型要求提供体现家庭长辈五老事迹材料和含照片等资料。其他类型,根据各自家庭的特点提供相应证明资料,可以参照前三个类型; (3)各二级学院提交高质量红色电影读后感不少于3篇。

(三)家校协同推进好家风建设

1.强化家庭教育的基础性功能

原生家庭对一个人的成长影响力已经得到了公认。孩子出生时是一张白纸,他们的底色是父母涂画上去的,所以说家庭是人生的第一所学校,父母是孩子的第一任老师。父母的世界观、人生观和价值观,深远地影响着孩子的一生。好的家庭教育一是要求严格,严格的家教才能引领青年养成健全人格;二是要营造好的家庭氛围,父母亲子关系好才能产生好的沟通和教养。家庭教育具有养成性,孩子从出生到入学前所受到的教育主要来自家庭,而这一时期是孩子成长的关键期,家庭教育奠定了学校教育的基础。家庭教育融合在生活情境之中,对于孩子具有潜移默化的作用。

2.开展新时代家风主题活动

清正廉洁好家风不仅是砥砺品行的"磨刀石",也是抵御贪腐的"防火墙"。家风主题教育活动应以"学思想、强党性、重实践、建新功"为指导原则,坚持专业性、实践性、前沿性,突出政治性、先进性、群众性,创新高校"党建＋家庭教育"工作模式,以建设文明家庭、实施科学家教、传承优良家风为重点,围绕"家庭建设""家庭关系""家庭教育"三个方向,聚焦立德、育人、解难,服务教职工更好地经营婚姻家庭生活,培育大学生树立正确的婚恋观,助力高校师生厚植家国情怀,涵养良好家风,为美好生活添彩,培育更多的"最美家庭",让教职工以更加饱满的激情投入工作中,让大学生以更加高昂的姿态成为建设新时代的主力军。开展各类家风系列活动,有利于让社会主义核心价值观在家庭里生根、在传播中升华,发扬光大中华民族传统家庭美德,促进亲人相亲相爱。

3.引导家长发挥榜样示范作用

家长应该时时处处给孩子树立榜样,用正确行动、正确思想、正确方法教育引导孩子。父母在孩子心中种下什么种子,在今后的岁月中就会开出什么样的花。新时代要紧紧围绕落实立德树人根本任务开展家庭教育,切实对"孩子如何做人"做好正确家庭引导,帮助孩子从小养成好思想、好品行、好习惯,以高尚品德融入社会,以健全人格成就自我,从而真正达到立德树人的目标要求。

家长是孩子模仿和习得行为习惯的重要启蒙老师。优良家风能助力青年成长成才,引领青年学会自我塑造。家风是家庭或家族通过世代积累和传承所形成的风气、风格和风尚,家风优良与否很大程度影响和决定着青年未来会成长成什么样的人。在社会风气形成和提升过程中,家风建设发挥着举足轻重的作用。一个家庭形成了好的家风,就会影响和带动左邻右舍。家风良好的家庭数量多了,相互影响乃至相互学习,则整个地区的民风自然而然趋于淳朴良善,就能够保证青少年在良好社会风气之中健康成长。

第三节　廉洁教育与大学生心理素质培养

一、勤掸"思想尘",锤炼意志力

思想动摇易滑坡,意志坚定至峰顶。历史和事实充分证明,青年时期注重思想淬炼、保持思想清醒、升华思想境界,就能够为行动上的坚决和政治上的坚定提供有力保证。

有了坚定理想信念,才能经得住各种考验,走得稳、走得远。新时代的中国青年,既有乐于学习、善于思考、富于思辨的思想特点,又面临着理想和现实、利己和利他、小我和大我、民族和世界等方面的思想困惑,亟需从思想上正本清源、固本培元。勤掸"思想尘",基础在"掸"。我们应学习和掌握马克思主义立场观点方法,锻造科学的思想方式,形成深刻的思想洞见,培育坚定的思想定力,追求高尚的思想境界,在理论和实践的结合中,在学思用和知信行的验证中,坚定共产主义远大理想和中国特色社会主义共同理想,把人生理想融入党和人民事业之中,把为人民幸福而奋斗作为自己最大的幸福,把构建人类命运共同体视为推动世界和平发展的己任,通过立大志、明大德、成大才、担大任,筑牢防腐拒变的思想防线。勤掸"思想尘",关键在"勤"。这不是一阵子而是一辈子的事,必常修常炼、须常悟常进,在千锤百炼中成钢,在千磨万击中坚劲。要积极投身斗争实践,在机遇面前主动出击,不犹豫、不观望,在困难面前迎难而上,不推诿、不逃避,在风险面前积极应对,不畏缩、不躲闪,多经历几些"风吹浪打"、多接手几次"烫手山芋"、多当上几回"热锅蚂蚁",在抵御风险挑战、压倒一切困难、远离引诱迷惑中不断锤炼意志力,以正确思想保证内无妄思,以内无妄思保证外无妄动,以外无妄动促成正确行动。

二、多思"贪欲害"，厚植坚忍力

私欲膨胀其害深，公心坦荡天地宽。主持编撰中国历史上首部编年体通史的司马光，始终秉持"以俭立名，以侈自败"的清廉理念，一直坚持"食不敢常有肉，衣不敢有纯帛"的节俭习惯，总是信守"俭，德之共也；侈，恶之大也"的高洁情操，最终留下《训俭示康》的警示家训。在中国历史上，像司马光这样廉洁奉公、勤于政事、持守公心的典范并不少见，正考父"三命而俯"，诸葛亮"鞠躬尽瘁，死而后已"，杨震"四知拒金"，张伯行"一丝一粒，我之名节；一毫一厘，民之脂膏。宽一分，民受赐不止一分；取一文，我为人不值一文"，苏轼"物必先腐也，而后虫生之；人必先疑也，而后谗人之"……这些历史故事和诤语良言都为新时代中国青年留下了殷殷启鉴。

新时代中国青年身处物质发展环境更为优越和精神生活空间更为丰裕的时代，但也身处社会思潮多元、市场逐利性渗透、反腐斗争严峻的复杂社会，实现个人欲望的条件、机会更为多样，滋生特权和腐败的土壤尚未根除，而青年的分辨力、鉴别力、判断力正处于形塑之中，往往容易受外物所迷惑、受外力所牵引，现实生活和工作中腐败年轻化现象也说明了抓早抓小的极端重要性和现实紧迫性。从根本上说，新时代中国青年要主动自觉地上好防微杜渐的"自习课"，一定要在党和国家的廉洁自律教育中引以为戒、引以为鉴，在廉洁自律实践中慎初慎小、慎微慎独、慎言慎行，拧紧世界观、人生观、价值观的"总开关"；一定要锁住欲望的"潘多拉盒子"，随身携带纪律规矩的"护身符"，在党纪党规界限内行事，在宪法法律范围内活动，在道德伦理诉求内处世；一定要在日常生活中注重良好品性的自我培养、自我修炼、自我提升，不断攻克小毛病、封住小问题、堵死小管涌，真正做到心有所畏、言有所戒、行有所止，不断厚植坚忍力，追求和实现更有高度、更有境界、更有品位的人生。

三、常破"心中贼"，增强自制力

心有畏惧惧于失，行有所止止于损。私欲杂念为常人常有，但任由私欲膨胀就会"蚁穴毁千堤",任由杂念丛生就会量变引质变。倘若心中有"贼",则易致灵魂被"俘"、思想被"腐"、气节被"劫"、情怀被"盗",轻则自惹麻烦,重则自毁前程。

作为新时代大学生,首先应通过不断增加廉洁文化教育的学习,有所思、有所感、有所想,进一步加深廉洁文化的理解和认识,从思想上树立廉洁价值理念,以"廉洁"形成合理信念,以崇高的理想信念决定情感和行为,将不合理的信念变成合理的信念。其次,要增强自身的成就动机,把社会期望的强大能力将意图转化为行动,具体落实到行动上。再者,抵制各种诱惑,加强自我控制,在追求目标的过程中,调节冲动和注意力的有意决定。因此,大学生要从根本上破除自己心中的"贼",防止"懒惰",从而增强自己的自制力。

四、固本"树正气",激活生命力

近几年来大学生心理存在问题的比例不断攀升。究其原因,就是失去了"内驱力",生命没有了活力,呈现出"病态"。针对大学生开展廉洁教育,能够起到一定的"疗愈"作用,其原理是祛邪扶正、固本培元,激发个体生命能量。

第一,坚持马克思主义理论中的廉洁教育理论,发挥理想信念价值引领作用,引领青年大学生树立远大的理想信念。当代中国大学生要树立共产主义的远大理想和社会主义的共同理想,心中有理想人生就不会迷茫,就会把自己的青春和热血投入伟大的理想之中去。古有云"先立乎其大者,则其小者弗能夺也"。没有理想信念或者理想信念不坚定,精神上就会"缺钙",就会得"软骨病",因此可以说,心怀远大理想的人,心是实的,永远不会成为"空心人",即使遇见千难万阻也会披荆斩棘迎难而上,更加不会计较个人得失在挫折面前随意放弃。

第二,继承优秀传统文化中的廉洁教育理论,积极借鉴我国历史上优秀的廉政文化,通过学习中国儒家文化中的廉政思想、良好的家风家训,发挥优秀传统文化的优势,熏陶大学生的道德情操,培养廉洁意识,涵养为民奉献、清正廉洁的气质品德。当代大学生应听其声、学其行、感其言，内化于心、外化于行，汲取文化持久深沉的感染力和影响力。一个具有高尚追求的人，必定是一个积极进取的人，一个具有廉洁品行的人，必定是一个严于律己的人，廉洁的品质可以补足大学生的精神之钙，成为一个有理想、敢担当、能吃苦、肯奋斗的新时代好青年。

第四节　廉洁教育与大学生道德素质培养

一、在教育实践中涵养道德理想

作为对道德生活应然状态的观念建构，道德理想在整个道德素养体系中具有核心地位，是人们根据社会发展的总目标，在道德生活实然状态下，进行批判性反思的基础上，形成的道德追求。对青年大学生来说，道德理想就是根据新时代公民道德建设的新要求，结合自身肩负的重大历史使命而设定的道德实践总目标。道德理想一旦确立，不仅可以为时代新人的道德实践提供目标和方向，更能激发时代新人道德实践的热情和动力。当今世界正处于世界未有之大变局，每一处变化都与青年的成长息息相关，道德理想的领航作用更加凸显。而理想信念作为主观意识，容易受到来自外界的干扰，因此要从实践历练中磨砺理想信念，增强坚定性，推动青年大学生坚定不移地做好本职工作，为中国特色社会主义建设苦干、实干。

理想信念的形成、确立和坚定，是在学习和思考中以及在社会实践中实现的。实践是人的存在方式，也是人类社会生活的本质所在。而且只有通过实践才能实现人自身的改造，特别是精神世界的发展。人的认识是从实践中发源的，人的理想信念同样也是在实践中发源的。人在参与社会实践的过程中，不仅能够学习相应的知识和技能，还会得到理想信念的滋养。人的思想观念和价值观，甚至理想信念，更多的是在实践中形成和确立起来的。由于实践具有直接的现实性，且人在实践中具有深刻的参与性和强烈的体验性,因而实践对人的理想信念的形成、确立、坚定的影响,是更为深刻而有力的。廉洁教育从"教育——教学——实践"的闭环中,能够通过理性方式培养大学生逐步形成自身的道德理想,并进一步得到社会实践的确证。以践行来确证理想信念正确性和价值的过程,也是大学生进一步坚定廉洁教育理想信念的过程。当理想信念化作一种强大的实践力量而产生巨大的社会威力,并证明廉洁教育正确性和价值的时候,大学生对道德理想信念也更为坚定。而当社会公众看到这种实践力量时,也会为之震撼和感染,更加确信廉洁教育的正确性。这样的社会氛围又反过来会给大学生践行廉洁教育理想信念以新的鼓舞和鞭策。因此,在不断践行理想信念的过程中,能够形成一个理想信念自我加强的正向循环。

二、以廉洁文化涵养道德操守

道德心理学认为,道德认知的形成经历了知识培育和实践历练两个过程。知识培育重在明善,只有懂得何为善,才能按善行办事;实践历练重在判断,在复杂的道德情境中学会对善恶、是非做出正确判断。所以,道德认知的形成过程,实质是对道德现象与道德知识进行感知、记忆、分析的过程。在价值多元的今天,如果缺乏正确道德认知的统一引导,就会加速道德失序的风险,最终滑向道德相对主义。新时代的道德建设,既要体现道德认知的统一标准,又要实现不同群体各有侧重。鉴于自身所肩负的重大使命,时代新人必须为自身的道德认知程度确立最高准则,即至善理念。而优秀传统文化能为大学生提供仁爱观、义利观、诚信观、廉洁观等观念。

第一是仁爱观。无论是在人与人的关系、人与社会的关系,还是人与自然的关系方面,都必须具备仁爱情怀。《论语》中,孔子多处谈及"仁",如"仁者爱人。"冯友兰先生在《中国哲学简史》中指出:"孔子用'仁'字不光是指某一种特殊德性,而且是指一切德性的总和。"这些关于"仁"的经典论述,对于培养时代新人具有丰富的现实昭示意义。在处理人与人的关系上,要做到"爱人","己所不欲,勿施于人"(《论语·颜渊》),"己欲立而立人,己欲达而达人"(《论语·雍也》);在处理人与社会的关系上,要做到"四海之内,皆兄弟也"(《论语·颜渊》),"老吾老,以及人之老,幼吾幼,以及人之幼"(《孟子·梁惠王上》);在处理人与自然的关系上,要做到"质于爱民以下,至于鸟兽昆虫莫不爱,不爱,奚足谓仁"(《春秋繁露·仁义法》)。

第二是义利观。义利问题是中国传统伦理价值体系中的核心问题,从古至今一直受到高度的重视。中华优秀传统伦理道德文化中有大量关于义利观的论述,对于培养时代新人具有重要的参考价值。《论语·宪问》曰:"见利思义,见危授命,久要不忘平生之言,亦可以为成人矣。"可以看出孔子虽不排斥人们对利益的诉求,但要遵循道义。《孟子·告子上》中云:"生,亦我所欲也,义,亦我所欲也;二者不可得兼,舍生取义者也。"《荀子·强国》有云:"凡奸人之所以起者,以上之不贵义、不敬义也。夫义者,所以限禁人之为恶与奸者也。"这些关于"义利之辩"的思想,对于培养时代新人的现实启迪意义在于,作为时代新人,要汲取中华传统文化中"重义轻利""义以为上""见利思义""舍生取义"的义利观,始终坚持以集体利益为主、个人利益为辅,坚决抵制和反对极端个人主义和拜金主义,秉持"君子爱财,取之有道"的理念,与"唯利是图"行为做斗争。

第三是诚信观。几千年来,诚信问题一直被当作中华优秀传统文化中的高尚道德品质、立身处世的根本原则。《谷梁传》中云:"言之所以为言者,信也。言而不信,何以为言?"《朱子语类·中庸三》有云:"诚者,真实无妄之谓,天之道也。"这些关于诚信美德的至理名言,对于培养时代新人的意义在于,作为时代新人,要汲取中华优秀传统伦理道德文化中"言必信,行必果""一诺千金""君子一言,驷马难追"这样的积极文化元素,既要遵循"他律",更要重视"自律",自觉践行诚信价值观,始终做到"以诚实守信为荣"。

第四是廉洁观。中华优秀传统文化中的廉洁教育资源十分充裕,为培养时代新人的健全人格提供了丰富的精神滋养。"廉"在中国古代被认为是重要的伦理道德规范之一。《说苑·政理》中说："临官莫如平,临财莫如廉,廉平之守,不可攻也。"《汉书·宣帝纪》中说："吏不廉平,则治道衰。"《清史稿·圣祖本纪》中载："吏治之道,惟清廉为重。"《康熙政要》有云："官以清廉为本。"这些关于"廉洁"美德的思想智慧,对于培养时代新人具有巨大的现实昭示价值。我们要充分汲取中华优秀传统文化中的廉德营养,始终以廉为美,以廉为准,坚持廉洁修身、廉洁治家、廉洁从政、廉洁处事,积极同腐败堕落、违法乱纪行为作斗争,努力营造出风清气正的社会生态。

三、以时代精神涵养道德情感

作为道德生活的"酵母",道德情感内涵丰富,既有感性层面,也有理性层面;感性源自个体所蕴含的道德要求能否得到满足的主观反应,理性则是个体在经历情感体验后所形成的客观结果。如同道德价值体系有一个核心范畴"善"、道德规范体系有一个核心范畴"正当"、道德品质体系有个核心范畴"德性"一样,道德情感体系也有一个核心范畴,即"仁爱"。由于时代新人关涉的是民族复兴,这决定了时代新人的仁爱之心,不仅仅是"修身""齐家"的"邻人之爱",而是永葆对人民群众朴素深沉的"世间大爱"。大学生学习的内容源自人民群众创造的精神财富。作为国家未来发展的中坚力量,大学生在工作学习的各方面,都要领会饮水思源、心系人民的道理。把个人才干与社会发展联系起来,把个人奋斗与群众需求结合起来,把个人成长成才置于更为宏大的社会愿景和时代画卷之中,这样,才能摆脱狭小的个人天地,意识到自身肩负的神圣使命,明白自我的奋斗是为了谁、依靠谁,在千磨万击的历练中,实现道德情感的成熟稳定。一个民族的时代精神,是这个民族时代性发展的观念性表达。当代中国的时代精神,就是以改革创新为核心的时代精神。自力更生、艰苦奋斗是共产党人的优良品质,南泥湾精神、雷锋精神、青藏铁路精神、"三牛"精神是中国共产党人最坚定的红色精神港湾,本质上也是一种廉洁精神,集中体现了中国共产党人的思想境界和精神风貌,党的性质、宗旨、党的优良传统和工作作风,是促进廉洁文化建设的强大思想武器。

(一)南泥湾精神

延安时期,以三五九旅为代表的抗日军民在大生产运动中立起"自己动手、丰衣足食"的光辉旗帜,孕育形成以自力更生、艰苦奋斗为核心的南泥湾精神,教育、引导着大学生自力更生、艰苦创业、同心同德、团结奋斗。艰苦奋斗是中华民族的传统美德,也是当代大学生必须学习的良好品德。当今时代应大力弘扬南泥湾精神,教育引导青年大学生从中汲取奋进的力量,传承勤俭节约、艰苦朴素的传统美德,永葆清正廉洁的政治品格。青年大学生要主动投身经济社会发展一线,以奋发有为的精神状态和时时放心不下的责任意识脚踏实地、苦干实干,把党的二十大擘画的宏伟蓝图逐步变为现实。

(二)雷锋精神

雷锋精神,就狭义而言,是对雷锋的言行和事迹所表现出来的先进思想、道德观念和崇高品质的理论概括和总结;就广义而言,已升华为以雷锋的名字命名的、以雷锋的崇高品质为基本内涵的、在实践中不断丰富和发展着的、为人们所敬仰和追求的精神文化。雷锋同志乐于助人,不求回报。在工作中不怕苦,善动脑,踏踏实实地干一行专一行。这种大公无私的精神是当代大学生的时代精神标杆,作为社会主义的建设者和接班人,要有爱党、爱国、爱民族的时代情怀,要有甘于无私奉献的价值观,从小事做起,积极参加社会公益活动;运用专业所学,用己之力、尽己之能,到祖国最需要的地方建功立业;要厉行勤俭节约,永葆艰苦奋斗的生活作风,时刻牢记"成由勤俭败由奢""一苦一乐相磨炼,练极而成福者其福始久";要爱惜粮食,拒绝浪费;要消费合理,拒绝攀比;要吃苦在前,拒绝安逸;要传承中华民族优良传统,共同营造勤俭节约、积极健康的校园氛围。

(三)青藏铁路精神

2020年11月,习近平总书记对川藏铁路开工建设做出重要指示,强调广大铁路建设者要发扬"两路"精神和青藏铁路精神,科学施工、安全施工、绿色施工,高质量推进工程建设,为全面建设社会主义现代化国家做出新的贡献。青藏铁路精神,是广大青藏铁路建设者贯彻"三个代表"重要思想的生动体现,是落实科学发展观的伟大实践,是中国共产党人伟大精神谱系的重要组成部分,是中华民族精神的传承发扬。世界屋脊上广大铁路建设者用青春、热血和汗水,谱写出具有鲜明时代特色的青藏铁路精神,它是当代中国的历史性创造,是中华民族的光荣和骄傲。青藏铁路精神是中华民族自强不息精神的继承和发展,当代青年大学生要学习这种吃苦不怕艰苦、缺氧不缺精神、海拔高追求更高的不懈精神,鞭策自我,提炼自我,保持踔厉奋发、笃行不怠的坚定意志,强化担当,凝聚前行力量。

(四)"三牛"精神

"三牛"精神是指为民服务孺子牛、创新发展拓荒牛、艰苦奋斗老黄牛的精神,是与"清""慎""勤"相通而又进一步升华的时代精神。"三牛"精神传承着中华民族生生不息、长盛不衰的强大基因,揭示了中国共产党和中国人民自强不息、砥砺奋进的精神密码,这既是对过去中国人民不畏艰险、锐意进取的深刻总结,也是对未来中国人民攻坚克难、开拓前行的深情寄望。作为当代青年大学生,要学做艰苦奋斗的老黄牛,自觉抵制不良风气,干干净净做人、踏踏实实做事,学会自我批评;做为民服务的孺子牛,涵养为民情怀,守住底线,慎之又慎用好权力,做好自己应当做的事;当好创新发展的拓荒牛,将专业所学与实践相结合,学会思考善于提问反思,做自己专业的强干者。"三牛"为"犇",这是新时代里的逐梦奔跑,更是奋斗路上的勇毅笃行。新时代大学生要发扬"三牛"精神,在最好的时代里立志、力行、立身,在专业学习、科研实践、创新创业、社会服务中志存高远、求是创新、踏实肯干。

四、以校风学风提升道德自觉

道德自觉的形成,不仅是道德主体从感性意识到自我意识再到自为意识的发展过程,更是将"德"在实践过程中主动内化,达到"知"与"行"的辩证统一。大学是立德树人的关键场所,目标是在时代新人的成长中形成完美、高尚的道德素养。正所谓"为仁由己",不同于外界的道德权威、命令顺从,高尚的道德素养必定具备极高觉悟的道德自觉,在道德行为中彰显出自主、自愿的自律精神。

校风,是指学校内部形成的一种独特的精神风貌和文化氛围,它体现了学校的核心价值观和教育理念。校风的形成既与学校的办学理念密切相关,也与师生共同努力、共同培育有关。校风的含义不仅仅是一种表面上的规范,更是一种深刻的教育内涵。校风体现了学校的价值观念和文化传统,规范了师生的言行举止。

学风建设是大学生成才的重要保障,养成良好的学风是毕业生走上社会后成才和发展必备的素质和条件。学风是大学精神的集中体现,是教书育人的本质要求,是高等学校的立校之本、发展之魂。廉洁因素对于优良学风的形成有着至关重要的作用。优良学风是提高教育教学质量的根本保证,而是否一个良好廉洁的学风环境,关系到高等教育的科学发展和教育事业的兴衰成败。良好的校风学风的形成,能推动大学生形成良好的道德自觉。

通过形成积极向上、严谨务实的校风,可以使整个校园充满正能量,营造一种团结向前的氛围。这有助于培养学生的积极向上的品质,提高整体的学校形象。要将校风"内化于心,外化于行",首先应通过多种形式促进大学生道德自觉的培育回归生活实践,加强协同育人的步伐,着力培育他们的道德自觉言行,将校风与社会主义核心价值建设、中华优秀传统文化相融合,增强全程参与校风建设的主体意识,将"自我认识"逐渐发展成全员"道德自觉"和"道德醒觉",提高大学生道德实践能力尤其是自觉实践能力,引导大学生向往和追求讲道德、尊道德、守道德。通过加强廉洁思想建设,以正确思想统领学风。廉洁素质是人才素质的核心和灵魂,对其他素质的发展有着导向和统领作用。通过大学生廉洁建设,能够提高他们的思想境界,激发成才欲望,增强学习自觉性、积极性和创造性;高校应引导大学生树立正确的廉洁思想,提高道德自觉,自觉遵守基本道德规范;加强职业生涯规划教育,帮助他们树立正确的学习观、成才观、就业观;鼓励他们积极参加廉洁教育活动,将廉洁教育渗透大学生学习生活全过程,以良好的道德素养统领大学生的思想和行为。

参考文献

[1]陈航,严诗瑶,刘丹丹.大学生入学教育及素质提升[M].西安:西安电子科学技术大学出版社,2021.

[2]戴雁琴.大学生廉洁教育与思政教育协同育人探论[J].中学政治教学参考,2023(40):104－105.

[3]戴雁琴.立德树人视域下加强大学生廉洁教育研究[J].新课程研究,2023(30):7－9.

[4]段晓芳.大学生廉洁教育的理论与实践[M].北京:光明日报出版社,2016.

[5]方晨竹.新形势背景下高职院校大学生廉政教育的有效途径探索[J].大学,2023(22):85－88.

[6]冯炎莲,聂慧芝.大学生廉洁教育读本(第3版)[M].南昌:江西人民出版社,2020.

[7]盖晓庆,吕素香.新时代高校大学生廉洁教育现状、问题及对策研究[J].北京教育,2023(29):62－64.

[8]高立群,王卫华,郑松玲.素质教育视域下大学生体育教学改革研究[M].长春:吉林人民出版社,2019.

[9]郭婧,史峥.大学生素质教育创新研究[M].天津:天津科学技术出版社,2020.

[10]郭强.新视角下的思想政治教育研究[M].北京:中国社会出版社,2017.

[11]侯帅.大学生廉洁意识教育研究[M].北京:中国社会科学出版社,2019.

[12]胡德宁.高校大学生廉洁教育的重要意义[J].科教导刊(上旬刊),

2015(4):56—57.

[13]胡小燕.大学生素质教育读本[M].上海:上海财经大学出版社,2019.

[14]黄飞.高校大学生廉洁法治教育研究[M].北京:原子能出版社,2019.

[15]黄萌,陈立书.大学生健康素质教育系列:教材安全应急与避险[M].北京:中国医药科学技术出版社,2020.

[16]郎锐.全媒体时代背景下大学生廉洁意识教育路径探析[J].当代教育实践与教学研究(电子刊),2023(16):4—6.

[17]李高杰,卢明臣,刘玉青.新时代加强大学生廉洁教育的现实困境与有效路径——以"大思政"为研究视角[J].才智,2023(14):49—52.

[18]李萍.大学生心理健康与素质教育研究[M].北京:北京工业大学出版社,2020.

[19]李艳.依法治国视野下的大学生廉洁教育[M].长春:东北师范大学出版社,2016.

[20]林慧,宋怡卉.新时代大学生廉洁教育研究[J].新丝路,2023(26):144—146.

[21]刘宏宇,熊治东,张涵.新时代大学生廉洁教育刍议[J].学校党建与思想教育,2023(22):75—77.

[22]刘华.廉洁与大学生思想政治教育[M].北京:北京燕山出版社,2017.

[23]刘慧,石攀峰,于斐.大学生廉洁教育教程[M].沈阳:辽海出版社,2019.

[24]刘英侠.新时代大学生廉洁教育研究[M].北京:社会科学文献出版社,2022.

[25]刘宗立,杨亚东.新时期大学生廉洁教育读本[M].昆明:云南人民出版社,2016.

[26]卢森焕,曾严.中华优秀传统文化与大学生素质教育研究:"三全育

人"之文化育人[M].长春:吉林大学出版社,2020.

[27]马玲.高校大学生道德素质教育研究[M].北京:中国农业出版社,2018.

[28]马晓玲.双创时代背景下的大学生素质教育培养探析[M].长春:吉林大学出版社,2020.

[29]庞玉清.新形势下大学生廉洁素质教育论纲[J].长春师范大学学报,2018(3):7-10.

[30]彭文龙,廖晓明.大学生廉洁教育读本[M].南昌:江西人民出版社,2020.

[31]齐爱花.当代大学生道德素质教育理论与实践研究[M].北京:冶金工业出版社,2020.

[32]钱东霞,曹畅.大学生心理健康教育素质拓展手册[M].北京:高等教育出版社,2019.

[33]任永辉,曾红梅.新时期大学生素质教育研究[M].天津:天津科学技术出版社,2018.

[34]邵国莉.大学生劳动教育与素质养成[M].长春:吉林摄影出版社,2021.

[35]申勇.新时代构建农业高职院校学生廉洁教育体系的路径研究[J].河南农业,2023(27):12-14.

[36]沈定军.大学生素质教育创新实践[M].长春:吉林出版集团股份有限公司,2020.

[37]施福新,裴纪平.大学生廉洁文化教育读本[M].南京:南京大学出版社,2018.

[38]宋阳.新时期大学生廉洁教育体系构建的路径研究[M].石家庄:河北人民出版社,2019.

[39]苏瑾,姚伟华,蒋艾琳."互联网+"背景下高校廉政文化建设路径研究[J].文化创新比较研究,2023(15):150-153+163.

[40]谭琦.社会主义核心价值观事业下的大学生廉洁教育[M].哈尔滨:

哈尔滨工程大学出版社,2015.

[41]唐知然.新媒体时代大学生廉洁教育研究[M].长春:吉林人民出版社,2017.

[42]王俊佳,廖成中,朱玉颖.崇廉尚洁自律修身——大学生廉洁教育教程[M].大连:大连理工大学出版社,2020.

[43]王坤.大数据时代大学生素质教育工作研究[M].长春:吉林出版集团股份有限公司,2021.

[44]王瑞霞.大学生职业素质教育[M].长春:东北师范大学出版社,2018.

[45]王陶.大学生素质教育概论[M].北京:北京师范大学出版社,2019.

[46]王晓东.大学生素质教育读本[M].武汉:华中科技大学出版社,2018.

[47]王旭,刘小毛,王华.高校大学生素质教育工作实效与方法[M].长春:吉林出版集团股份有限公司,2021.

[48]王有炜.新时代大学生廉洁文化教育读本[M].合肥:安徽人民出版社,2018.

[49]吴鸿飞.大学生廉洁教育[M].西安:西北工业大学出版社,2019.

[50]吴敏.大学生素质养成教育[M].长春:吉林大学出版社,2018.

[51]武会欣,邱影悦,冉婷婷.大学生素质教育[M].长春:吉林大学出版社,2018.

[52]肖彬.新时代大学生素质教育及其路径研究[M].长春:吉林人民出版社,2020.

[53]谢春,裴彧.人文素质教育视角下的医学院校大学生医德培育路径[J].智库时代,2023(15):254－257.

[54]辛海娟.曾国藩家训对大学生廉洁教育的启示[J].教书育人,2023(33):46－48.

[55]许东升.大学生廉洁教育教程[M].郑州:郑州大学出版社,2022.

[56]杨明.大学生廉洁文化教育融入校园文化建设研究[J].中国军转民,

2023(18):112－113.

[57]于学强.大学生廉洁教育读本[M].南京:东南大学出版社,2020.

[58]俞佳.高校大学生廉洁教育进课堂的路径研究[J].科技展望,2016
(28):329－330.

[59]张涛.大学生素质教育创新研究[M].长春:吉林出版集团股份有限
公司,2022.

[60]章彬.大学生廉洁教育问题的挑战与改进策略探究[J].智库时代,
2023(24):109－111.

[61]赵俪芃.大学生党员廉洁教育的理论逻辑、价值目标与实现路径[J].
新丝路,2023(17):151－153.

[62]郑宽明,黄新民,王立新.大学生素质教育概论(第4版)[M].北京:
科学出版社,2020.

[63]朱玉颖,廖成中,张志华.大学生廉洁教育教程[M].成都:四川大学
出版社,2022.

[64]王永贵,陈雪.新时代:中国特色社会主义的新航标[J].思想理论教
育,2018(3):4－8.

[65]蔡文举,范明水.新时代:从历史的新起点到新的历史起点[J].海南
大学学报(人文社会科学版),2018(3):50－56.

[66]汪亭友."新时代"的政治哲学意蕴[J].人民论坛,2018(27):96－98.

[67]李辉.在新时代的大势下理解新青年[J].人民论坛,2018(22):12－14.

[68]石国亮."新时代"青年的使命与担当[J].中国青年社会科学,2018
(1):19－25.

[69]张驰,王燕.习近平关于新时代青年成长成才教育观要论[J].湖北社
会科学,2018(10):165－170.

[70]陈辉吾.新时代青年的成才机遇与使命担当[J].前线,2018(11):54－57.

[71]刘宏宇,熊治东,张涵.新时代大学生廉洁教育刍议[J].学校党建与
思想教育,2023(22):75－77.

[72]戴雁琴.大学生廉洁教育与思政教育协同育人探论[J].中学政治教

学参考,2023(40):104－105.

[73]任建明.我国大学生廉洁教育的理论框架与实践经验[J].湖北行政学院学报,2016(5):5－9.

[74]盖晓庆,吕素香.新时代高校大学生廉洁教育现状、问题及对策研究[J].北京教育(高教),2023(10):62－64.

[75]李高杰,卢明臣,刘玉青.新时代加强大学生廉洁教育的现实困境与有效路径——以"大思政"为研究视角[J].才智,2023(14):49－52.

[76]胡于凝.大学生廉洁教育:英国经验及启示[J].国家教育行政学院学报,2018(1):75－80.

[77]黄东升.新时代大学生廉洁教育论纲[M].北京:光明日报出版社,2020.

[78]杜治洲.廉洁文化的基本内涵、形成机理与建设策略[J].理论探索,2023(4):68－74.

[79]高来举,刘鑫,田霞.接受视阈下大学生廉洁教育路径探析[J].学校党建与思想教育,2023(10):76－78.

[80]石宇航.浅谈虚拟现实的发展现状及应用[J].中文信息,2019(1):20.